RUBINA F. GUACCI

CAMBIARE IL PASSATO

RUBINA F. GUACCI

CAMBIARE IL PASSATO

Come Trasformare il Dolore Passato in Crescita Personale e Interiore per Amare Sé Stessi e Imparare a Sognare

Titolo

"CAMBIARE IL PASSATO"

Autore

Rubina F. Guacci

Editore

Bruno Editore

Sito internet

http://www.brunoeditore.it/

Tutti i diritti sono riservati a norma di legge. Nessuna parte di questo libro può essere riprodotta con alcun mezzo senza l'autorizzazione scritta dell'Autore e dell'Editore. È espressamente vietato trasmettere ad altri il presente libro, né in formato cartaceo né elettronico, né per denaro né a titolo gratuito. Le strategie riportate in questo libro sono frutto di anni di studi e specializzazioni, quindi non è garantito il raggiungimento dei medesimi risultati di crescita personale o professionale. Il lettore si assume piena responsabilità delle proprie scelte, consapevole dei rischi connessi a qualsiasi forma di esercizio. Il libro ha esclusivamente scopo formativo e non sostituisce alcun tipo di trattamento.

Sommario

Introduzione — pag. 5

Capitolo 1: Il dolore, questo (s)conosciuto — pag. 8

Capitolo 2: Colpa o responsabilità? — pag. 27

Capitolo 3: Elimina il giudizio — pag. 50

Capitolo 4: Il potere del perdono — pag. 70

Capitolo 5: Ringrazia e lascia andare — pag. 85

Conclusione — pag. 105

Ringraziamenti — pag. 108

Introduzione

Sapevi che è possibile "cambiare il passato"? È capitato a molti di cadere e forse non una, ma più volte. Se anche tu sei caduto e hai sofferto, probabilmente oggi senti di avere sulla pelle una serie di cicatrici che pensi non andranno mai più via.

Pensi che tutti quei segni ti ricorderanno per sempre il dolore che hai provato ogni volta che li guardi. Forse pensi anche che di posto libero per altre cicatrici ne hai ancora tanto, troppo, e sei terrorizzato dall'idea che quegli spazi prima o poi si riempiranno di altre ferite. Voglio svelarti una cosa: ti sbagli.

Ti mostrerò che quelle cicatrici, se vuoi, possono essere trasformate in qualcosa di straordinario, in tatuaggi. Tatuaggi colorati, fantasiosi e pieni di amore che cancelleranno ogni ricordo del dolore lasciando spazio a tutto il bello che, ti assicuro, c'è stato anche nella sofferenza. Non solo.

Sai già che nella vita ti capiterà ancora di cadere, vero? Che ti capiterà ancora di inciampare. Bene, avrai la possibilità di imparare a farlo nel modo giusto. Quando cadrai, saprai atterrare come un vero *stuntman*. Hai presente quelle fantastiche controfigure che gli attori scelgono per girare le scene più difficili e pericolose dei loro film? Ecco, tu sarai lo *stuntman* del film che è la tua vita.

Sarai in grado, quando la vita ti farà lo sgambetto, di capire perché lo fa, talvolta di anticiparla e di re-agire quando sarai a terra. Con un po' di impegno e di costanza, acquisirai gli strumenti per far scorrere la vita nel verso giusto: il tuo.

Ci sarà da ridere, a volte da piangere, altre volte ancora da fermarsi un attimo per prendere fiato e riflettere. Ma ti assicuro che ne varrà la pena, perché se ce l'ho fatta io (e non solo io), se io ho cambiato la mia vita trasformandola in tutto ciò che ho sempre desiderato, puoi farlo anche tu.

E allora, cara anima, benvenuta e buon viaggio verso il tuo successo passato, presente e futuro.

Una cara amica mi ha detto: «Tutto il potere magico è nel punto dell'equilibrio universale. La saggezza è un equilibrio tra queste quattro massime: conoscere la verità; volere il bene; amare il bello; fare ciò che è giusto. Perché la verità, il buono, il bello e il giusto sono inseparabili, in modo tale che chiunque conosca la verità non può smettere di amare il bene, di amarlo perché è bello e di farlo perché è giusto».

L'universo dice: «Credi e comprenderai...»

Questo libro è dedicato a Lei, Maria Elena.

CAPITOLO 1:
Il dolore, questo (s)conosciuto

Partiamo subito con l'argomento che in fondo più ci sta a cuore. Il dolore. E non ci sta a cuore perché ci siamo affezionati, anche se c'è chi è veramente "affezionato" al dolore: ma di questo parleremo più avanti. Partiamo dal dolore perché è da lì che tutto ha origine.

Dalla sofferenza ha origine il cambiamento di ognuno di noi e della nostra vita, in meglio o in peggio e, quando si decide di intraprendere un percorso di crescita personale lo si fa perché si è stanchi di stare male, di vedere la propria vita costantemente condizionata da un dolore passato o presente.

Ho potuto osservare che ci sono quattro momenti della vita che possono essere considerati tra i più dolorosi e sconvolgenti:
- il dolore per un lutto (la perdita di una persona cara, un genitore, un fratello o una sorella, un parente, un amico);

- il dolore per la perdita del lavoro (che sia un posto da dipendente o il fallimento della propria attività da imprenditori);
- il dolore per la fine di una relazione (di amore o di amicizia);
- il dolore per la perdita della propria casa, del proprio nido (un pignoramento, una calamità naturale, un incendio).

Credo che queste siano le forme di dolore che, se sperimentate – non necessariamente tutte – possono manifestarsi come le più acute, le più sconvolgenti: sono quelle esperienze di sofferenza che lasciano le stesse cicatrici di cui parlavo poco fa. Bene, non so se ti sarà di conforto, ma io le ho sperimentate tutte. Dalla prima all'ultima e anche nell'ordine che vedi.

Ho perso mio padre all'età di quattordici anni (quasi quindici) in un incidente stradale. Faceva il camionista ed è morto lavorando. Pensa, mancava un chilometro e sarebbe arrivato a destinazione: un colpo di sonno.

Pochi istanti, fatali, ed è cambiata tutta la mia vita e quella di tutte le persone che vivevano al suo fianco. Sai qual è stata per me la cosa peggiore? Non la sua morte in sé (assurdo dirlo, eh? Eppure è così, e a breve mi darai ragione): sono riuscita a rendere ancora più drammatica quell'esperienza perché, il giorno in cui è partito per il suo viaggio di lavoro (due giorni prima della sua morte) ci avevo litigato. Inoltre, poco prima che uscisse da casa, ho detto tra i denti: «Meno male che si leva dalle palle!» Già, proprio così. La sua schiena che varca la soglia di casa è stata l'ultima cosa che ho visto.

Sai quante volte ho immaginato di poterlo salutare? E quante volte ho sognato di potergli chiedere scusa? Se solo avessi saputo che non lo avrei più rivisto. Se solo avessi saputo che stavo dando il mio personale (e peggiore) addio a mio padre, l'uomo più importante della mia vita... Se solo.

Non so quante volte ho sognato a occhi aperti di riabbracciarlo. Dico "a occhi aperti" perché i sogni, quelli che facevo la notte, nei primi mesi successivi alla sua morte, erano incubi veri e propri. Sognavo che qualcuno mi inseguiva nel buio per farmi del male ma, quando mi giravo per capire chi fosse, vedevo il volto di mio padre. Era lui che mi inseguiva nel sogno. Al mattino capivo che erano i miei sensi di colpa a darmi il tormento. Non mi abbandonavano nemmeno di notte e, anzi, proprio mentre dormivo, diventavano più concreti e potenti. Questa è stata la mia esperienza con il lutto.

Negli anni che sono seguiti, ho manifestato il dolore nei modi peggiori, come capita a molti, soprattutto in quel periodo della vita così problematico quale è l'adolescenza, già difficile di per sé. Di conseguenza, bevevo, fumavo e a diciotto anni avevo già delle vere e proprie dipendenze.

Non mi vergogno a dirlo, perché se quelle dipendenze le ho abbandonate e sono sopravvissuta a quel periodo, è proprio perché mi è stata data un'altra chance e voglio sfruttarla al meglio, soprattutto condividendo quello che ho imparato e che imparo ancora ogni giorno. Sento il dovere morale di mostrarti gli strumenti che sono stati mostrati a me per superare tutto quel dolore. Voglio farlo perché quegli strumenti, con me, hanno funzionato più che bene.

Da questa esperienza ho imparato quattro cose che credo sia

fondamentale condividere e che spero possano far riflettere anche te:

Primo insegnamento
Vivi nel presente e sii presente a te stesso. La tua vita, la tua intera esistenza può cambiare in un istante. Un solo secondo può mettere in discussione tutto quello che sapevi e in cui credevi: i tuoi sogni, i tuoi progetti, la tua stessa quotidianità possono mutare direzione in un batter d'occhio, perché tutto può essere stravolto in un attimo. Quindi ricorda che l'unico momento importante, il più importante di tutti i momenti passati o che devono ancora accadere, è adesso.

Secondo insegnamento
In ogni cosa che dici e che fai, fai prevalere l'amore e non l'ego. Quando parli con qualcuno, o interagisci anche solo tramite uno sguardo, abbi la consapevolezza che potrebbe essere l'ultima volta per te o per lui/lei. L'ultima volta che lo vedi fisicamente, che ci parli, che ci discuti, che ci ridi. Pensaci, e cerca di tenerlo a mente. Ti aiuterà a essere più gentile con te stesso e con gli altri.

Terzo insegnamento

Onora la vita ogni giorno e rendila il tuo personale capolavoro. Mio padre è morto lavorando. È morto stanco, stressato, preoccupato. Certo, con una famiglia felice perché ignara di tutto, ma lui, ne sono sicura, non era sereno. Non so quanto tempo avrò su questa terra, ma so che il giorno che lascerò questo corpo, sarò felice. Perché scelgo di esserlo ogni giorno, nonostante i problemi.

Quarto insegnamento

Sii migliore della persona che eri ieri. La perfezione non esiste ma possiamo sempre essere migliori di quello che eravamo: ogni nuovo giorno, ci viene data la possibilità di essere meno egoisti ed egocentrici, meno aggressivi, meno intransigenti, più tolleranti. Come? Sospendendo il giudizio verso noi stessi e gli altri.

Queste osservazioni possono sembrarti delle ovvietà, e tali appaiono finché rimangono pura teoria: perché queste sono cose che si leggono spesso su quasi tutti i social network o sui tanti libri di crescita personale. Sono frasi che qualsiasi "guru" spirituale ti propone, all'inizio del tuo percorso di crescita.

Oggi la crescita personale è alla portata di tutti, ma non è per tutti. Sai perché? Perché manca la pratica. Tutti possono leggere libri, partecipare a seminari, spendere migliaia di Euro in formazione, ma sono in pochi quelli che poi mettono veramente in pratica quello che leggono, sentono e sperimentano durante i corsi che seguono.

Se tu mettessi in pratica ogni giorno questi piccoli e semplici insegnamenti, ti garantisco che la tua vita acquisirebbe una profondità che nemmeno immagini e, la tua, sarebbe una vita tutt'altro che prevedibile.

SEGRETO n. 1: metti in pratica le quattro lezioni che io ho imparato sulla mia pelle; ogni giorno, in ogni istante, ricorda che la tua vita si svolge solo nel momento presente, nel qui e ora.

Sii amorevole, trascura l'ego che vuole avere ragione e che recrimina. Onora la tua vita e rendi ogni tua giornata degna di essere vissuta. Sii migliore della persona che eri ieri. Lavora costantemente per questo.

Personalmente mi sforzo di farlo tutti i giorni: è un modo per rimanere focalizzata su quello che voglio ed è anche un modo per onorare la morte di mio padre, per far sì che il suo sacrificio non sia stato vano.

Spesso penso a quando si dice: «Sono sempre i migliori che se ne vanno». Hai presente? Penso che questo sia vero. Mio padre (e ovviamente non è l'unico esempio) era una persona molto amata, perché era impossibile non amarlo. Era molto simpatico, generoso, altruista, sempre disposto a dare una mano agli altri: era decisamente un buono. Più volte mi sono chiesta come mai, in effetti, anche lui è stato uno dei "tanti migliori" che lasciano questa vita così presto.

Mi sono risposta questo: sono sempre i migliori che se ne vanno perché devono dare la possibilità a tutti quelli che li hanno conosciuti, di essere migliori a loro volta. Mi spiego meglio. Quando si ha a che fare con persone così, si tende in qualche modo ad appoggiarsi a loro, si vive dietro la loro scia. Ti è mai capitato? Un po' si brilla della loro luce riflessa, perché le persone così buone sanno illuminare tutto ciò che le circonda. E allora anche il tuo stimolo di brillare si indebolisce un po', anche se il più delle volte non ne sei nemmeno consapevole.

Ricordo, infatti, che dopo la morte di mio padre i componenti della mia famiglia non si unirono di più, come invece pensiamo che debba succedere in momenti tanto drammatici. A noi non è capitato subito di stringerci, di restare uniti nel terribile lutto. Non ci siamo stretti l'un l'altro affrontando insieme il dolore. È successo invece l'esatto contrario: ci siamo allontanati e, per anni, io, mia madre e mio fratello non ci siamo quasi neppure rivolti la parola, pur abitando nella stessa casa. E questo è accaduto perché, in effetti, il "collante" della nostra famiglia e anche di tutti i rapporti familiari e di parentela era lui. E noi vivevamo dietro la sua scia.

Prima ho parlato di sacrificio proprio per questo: mio padre ha dato a ciascuno di noi la chance di brillare della sua propria luce. La sua morte è un dato di fatto; è vero, lui non è più fisicamente accanto a noi, ma rimane anche un dato che prima ignoravo: ci ha lasciato una possibilità. Mio padre ci ha permesso di trovarla, di scoprirla e di accenderla, quella luce.

Ci abbiamo messo diversi anni, ma siamo tornati a essere una vera famiglia, forse più di quanto lo eravamo quando c'era lui: quando lui faceva da paciere nelle liti fra noi tre, quando lui proponeva la visita ai parenti e la telefonata ogni domenica alla nonna che abitava lontano.

SEGRETO n. 2: non si può essere grati per la morte di qualcuno, ma si può essere grati per quello che ci ha lasciato, per l'esempio, per gli insegnamenti e per la chance di metterli in pratica.

Spesso mi dico che se non avessi sperimentato il lutto di mio padre, oggi la mia vita sarebbe molto più triste, perché l'avrei vissuta con più superficialità (e parlo di me, ovviamente, perché ricordo bene quello che ero a quindici anni e quello che sono diventata negli anni che sono seguiti). Perché non avrei sperimentato la gioia che sperimento ora ogni giorno.

Quando l'ho detto a mia madre, mi sono sentita rispondere: «Vuoi dire che adesso tutti devono perdere qualcuno che amano per essere migliori e felici?» No, non intendo questo. Intendo dire che è quello che è successo a me. Ed è proprio il motivo per il quale questo libro è nato: per dare la possibilità, a te che leggi, di guardare la vita in ogni suo piccolo dettaglio, e soprattutto con occhi diversi, prima che sia la vita stessa a costringerti a farlo.

Questo mio lavoro non ha pretesa alcuna di pontificare chissà quale verità, ma vuole proporre solo quella che è stata la mia esperienza, unica, che qualcuno, a sua volta, mi aiutò a guardare in un modo nuovo. Un modo che non conoscevo e che mi ha liberato da una tristezza e da un dolore che mai avrei pensato di poter anche solo attenuare.

È questo lo scopo di questo libro: restituire il bene e l'amore che qualcuno, ormai otto anni fa, mi ha donato in maniera disinteressata. Voglio provare a restituire l'aiuto che ho avuto, la guida, i consigli e gli abbracci di cui avevo bisogno. Perché è inutile prendersi in giro: crescere, all'inizio, fa tremendamente male.

Quando ripercorri tutto ciò che hai vissuto e che pensavi di aver superato e ti accorgi che, invece, lo avevi solo sepolto sotto un tappeto, questa consapevolezza può farti soffrire. Guardarsi dentro e attraverso, a volte, è come trafiggersi il petto per poi squarciarlo in due. Ma questo è l'unico modo che hai per far entrare qualcosa di buono. È l'unico modo per far entrare un po' di luce.

E non è proprio la luce in fondo al tunnel ciò che tutti noi speriamo di vedere? E allora, caro amico, cara amica, sappi che questo non è l'unico modo, ma sappi altresì che è anche il solo modo che hai per non entrare più nel tunnel e vivere ventiquattro ore su ventiquattro immerso in quella luce, fin quando tu stesso lo vorrai. E spero che tu, come me, lo voglia per sempre.

Quel dolore mi ha cambiato nel profondo del mio essere. Ha cambiato o ha fatto emergere una me stessa di cui neppure sospettavo l'esistenza. Quel dolore ha permesso alla parte migliore di me di manifestarsi fino a prendere totalmente il posto della persona che c'era prima. Ecco come un'esperienza drammatica può essere vissuta in modo diverso.

Prova anche tu: prendi un avvenimento doloroso della tua vita e analizzalo nel modo più distaccato e lucido possibile. Per farlo, chiudi gli occhi e respira con il naso concentrandoti sull'aria che entra ed esce dai polmoni. Appena avrai visualizzato quella esperienza e quello che ne è seguito, trova il tuo insegnamento.

SEGRETO n. 3: cerca il motivo per cui una particolare esperienza dolorosa ha cambiato la tua vita (non la parte negativa, ma quella positiva); trova il *tuo* insegnamento e lavora su quello.

La felicità va allenata. È un esercizio da fare con costanza. Quando prima ti dicevo che ci sono persone "attaccate" al dolore, non intendevo dire che si tratta di semplice masochismo. Probabilmente queste persone hanno così tante situazioni dolorose alle spalle, che ormai ne conoscono benissimo le dinamiche. Per questo motivo hanno molta più confidenza con il dolore che con la gioia.

Anch'io facevo parte di quella categoria di persone e, spesso, quando nella mia vita capitava qualcosa di brutto o di spiacevole, commentavo: «Una più, una meno... ne ho passate talmente tante che ho le spalle larghe ormai. Ci ho fatto il callo alle sfighe». Te lo dici spesso anche tu? Semplicemente, avevo più confidenza con il dolore. La felicità non l'avevo ancora sperimentata e ne avevo paura, perché non la conoscevo.

Ti è mai capitato di vivere un momento particolarmente felice e di dire, subito dopo: «Ok, ora dove sta la fregatura?» Oppure di pensare: «Ecco, è troppo bello per essere vero, adesso vedrai che arriva la mazzata». Bene, a me capitava quasi sempre. Non ero a mio agio con la gioia perché non la conoscevo, non l'avevo sperimentata tanto quanto avevo sperimentato il dolore. E puntualmente, dopo aver fatto quei pensieri, ecco che la catastrofe capitava sul serio.

Coincidenza? No. Le coincidenze non esistono. Il nostro pensiero crea. E tu, così facendo, creando di nuovo l'esperienza nella tua mente, stai allenando il dolore. È il motivo per il quale, quando pensiamo al peggio, il peggio capita. Se vuoi approfondire questo tema, ti consiglio di leggere *Il potere dell'intenzione* di Wayne W. Dyer, un libro che ha segnato un punto di svolta nella mia vita.

Ma se il pensiero crea ciò che di peggio abbiamo nella mente, facendo avverare tutte le nostre paure, perché non pensi che possa fare la stessa cosa con i pensieri positivi? L'imperativo "pensa positivo" è un invito a immaginare realmente che una situazione spiacevole possa volgere al meglio e che possa finire nel modo migliore possibile. Il pensiero è creativo e l'ho sperimentato più volte: in realtà mi alleno a sperimentarlo ogni giorno.

Spesso "pensiamo negativo" perché, nella vita, le situazioni si ripetono e, se sono finite male una volta, le registriamo come se fossero un dato definitivamente acquisito in un computer. Così, accade che teniamo il file nella nostra memoria e lo etichettiamo come "esperienza dolorosa – esito: disastro". Poi, tutte le volte che un'esperienza simile si ripresenta, tiriamo fuori dalla mente quel file.

Il più delle volte lo facciamo inconsapevolmente. Interrompere questo "programma" rappresenta un punto chiave, sia per la creazione della vita che vogliamo, sia per imparare ad affrontare in modo costruttivo e non più doloroso anche quelle esperienze che all'apparenza sembrano negative. Questo è ciò a cui mi riferivo con l'immagine di "cadere come uno *stuntman*". Esiste un modo per farlo ed è quello espresso qui di seguito.

SEGRETO n. 4: allena la felicità, non il dolore: usa la tua mente per creare pensieri positivi.

Quando affronti una situazione simile a qualcosa che hai già vissuto in passato, lascia che la tua mente si focalizzi nel modo corretto; riconosci il file e dichiara: «Ok, mi sembra di vivere qualcosa che ho già vissuto e che mi ha lasciato un insegnamento, ma vivo nel presente e quello che sta succedendo ora non deve necessariamente finire come è finito in passato. Ora mi concentro e immagino l'esito positivo che voglio che abbia questa situazione».

Ricorda che ogni esperienza, anche se simile ad altre, è unica. Tu vivi nel qui e ora, e nel momento presente tutto può succedere. Devi fare lo stesso esercizio quando un pensiero triste si affaccia alla porta della tua memoria: riconoscilo, ringrazia per aver già avuto quella esperienza e per averla superata. Dopo di che sposta l'attenzione su un momento felice della tua vita, anche un piccolo episodio che ti ha fatto sorridere. Allena la mente all'esperienza della gioia. Vedrai subito la differenza sia nel tuo stato d'animo, che diventerà più sereno e propositivo, sia negli stessi esiti di una situazione. Perché ricorda che il pensiero crea.

Sai di conoscere bene il dolore, perché lo hai provato in varie forme. Ma ora sai che il dolore ha un rovescio della medaglia, qualcosa su cui ti puoi concentrare: un insegnamento, una parte di te che ha reagito in un certo modo e che non conoscevi. Questo è un aspetto della tua personalità su cui puoi sempre lavorare e migliorare.

Il dolore è un maestro e, già solo per questo, non dovresti considerarlo negativo. Il male che si prova è solo un mezzo attraverso il quale si impara una lezione, e la sofferenza serve a imprimerla ancora meglio nella tua memoria. Un forte dolore non è diverso da una grande gioia. Sono due picchi di emozioni. Entrambi lasciano qualcosa dentro di noi, ma sei tu a decidere che cosa vuoi trattenere di quelle esperienze.

Se per la gioia è semplice, per il dolore è necessario che tu indaghi dentro di te, fuori di te e intorno a te. Solo così avrai un quadro completo di ciò che l'esperienza ti ha lasciato e, soprattutto, avrai chiaro il suo insegnamento positivo, quel bagaglio a cui potrai attingere e ispirarti in ogni momento della tua vita.

RIEPILOGO DEL CAPITOLO 1:
- SEGRETO n. 1: metti in pratica le quattro lezioni che io ho imparato sulla mia pelle; ogni giorno, in ogni istante, ricorda che la tua vita si svolge solo nel momento presente, nel qui e ora.
- SEGRETO n. 2: non si può essere grati per la morte di qualcuno, ma si può essere grati per quello che ci ha lasciato, per l'esempio, per gli insegnamenti e per la chance di metterli in pratica.
- SEGRETO n. 3: cerca il motivo per cui una particolare esperienza dolorosa ha cambiato la tua vita (non la parte negativa, ma quella positiva); trova il *tuo* insegnamento e lavora su quello.
- SEGRETO n. 4: allena la felicità, non il dolore; usa la tua mente per creare pensieri positivi.

CAPITOLO 2:
Colpa o responsabilità?

Quando abbiamo delle difficoltà nella vita, di qualsiasi natura esse siano, difficilmente crediamo di essere i responsabili della nostra situazione. Quando il capo ci tratta male, i colleghi ci tirano un colpo basso, il marito o la moglie non ci capiscono, imputiamo tutto a qualcosa di esterno: il capo è un tiranno, i colleghi sono arrivisti e il partner è un insensibile.

Ma ti sei mai chiesto perché ti succede tutto questo? C'è una pratica hawaiana, molto antica, portata al grande pubblico solo qualche anno fa da Joe Vitale. Si tratta di Ho'oponopono. Il libro in cui Vitale racconta di come ne sia venuto a conoscenza, e di come questa semplice pratica gli abbia cambiato la vita, si intitola *Zero Limits*, e oggi posso dire che la vita l'ha cambiata anche a me.

Prima di arrivare a questo libro, avevo cominciato, già diversi anni fa, a interrogarmi (come credo capiti anche a te se vivi "esperienze fotocopia", ovvero eventi sempre molto simili tra loro, relazioni affettive comprese) sul perché mi ritrovassi spesso ad affrontare situazioni che sembravano una uguale all'altra. Un grande aiuto me lo diede il libro, di Wayne W. Dyer, *Niente scuse*, che ti consiglio vivamente di leggere. È il primo testo sul tema della crescita personale che ho letto, e per me fu una vera e propria "doccia gelata".

Mi resi conto che parte di quello che vivevo era provocato dal mio stesso atteggiamento, o meglio dal modo in cui mi ponevo nei confronti delle persone e della vita. Sentivo di essere in credito con la vita, dato che avevo iniziato a soffrire molto presto, quindi mi comportavo come le classiche persone che contestano tutto o quasi tutto. Pretendevo rispetto a prescindere dalle situazioni, pretendevo che i miei diritti fossero sempre riconosciuti e garantiti ovunque e da chiunque.

Oggi mi rendo conto che a quel tempo avevo molte pretese e aspettative e che, quando queste venivano disattese, reagivo con rabbia, quel tipo di rabbia che deriva dalla frustrazione di sentire di aver subito l'ennesima ingiustizia. Molte persone vivono in questo stato di perenne battaglia con il mondo ed è uno stato che, ti garantisco, alla lunga ti fa ammalare. Il libro di Dyer e, successivamente quello di Vitale, mi hanno permesso di uscire da quello stato di perenne tumulto. Ho capito che la responsabilità di quello che mi accade è solo mia. Di tutto quello che mi accade.

So che è una cosa forte da dire e so anche perché una frase del genere ti può sconvolgere: perché si associa la parola responsabilità alla parola colpa. Colpa e responsabilità hanno significati diversi. La colpa è una sorta di gratificazione che si dà al proprio ego ed è un modo per sollevare sé stessi da ogni responsabilità in una situazione.

Ci riempiamo la testa di frasi come: «Se non è colpa mia io non devo fare nulla»; «Io non posso fare nulla, non è dipeso da me quello che è successo»; «Mi sono semplicemente adeguato a una situazione che mi è piombata addosso, non potevo fare altro». Questa sequela di pensieri autolimitanti (perché è di questo che si tratta) rappresenta la scusa migliore che ti dai per non fare nulla, per restare a guardare.

Ma ora ti faccio una domanda: ti rendi conto che quello che ti è successo è successo a te? Hai pensato al fatto che è della tua vita che stai parlando e non di quella di qualcun altro? È forse agli eventi o alle persone esterne a te che stai dando la responsabilità? Perché, se è così, sai cosa significa? Che stai mettendo la tua vita nelle mani di un evento e di una o più persone.

Riflettici un attimo, per favore: in riferimento a una situazione che ti tocca personalmente, dire «non dipende da me» vuol dire non avere nessun potere sulla tua vita. Cosa c'è di peggio che delegare la propria esistenza a qualcun altro o a qualcos'altro?

Ti assicuro che, quando ho perso la mia casa, per anni ho dato la colpa a colui che mi aveva truffato quando l'avevo acquistata. All'epoca avevo ventuno anni e avevo iniziato a lavorare nel campo dell'intermediazione finanziaria: facevo il broker di mutui bancari. Avevo la mia Partita IVA, la mia automobile e, finalmente, la mia agognata indipendenza economica. A soli ventuno anni, avevo realizzato il mio sogno di bambina: quello di essere indipendente.

Così, dopo un anno, mi si presenta l'occasione di comprare una casa tutta per me, un piccolo bilocale in un posto tranquillo, alle porte di Milano. Me ne innamorai fin da subito e chiesi a una persona di cui mi fidavo di assistermi in tutta la procedura di acquisto e di erogazione del mutuo.

Credevo che fosse andato tutto bene, perché la fiducia nei confronti di questa persona, la mia giovane età e la poca esperienza in un campo in cui lavoravo da meno di un anno mi avevano indotto a pensare che si trattasse di un grande affare. Dopo quattro anni però arrivò la batosta: la rata del mio mutuo, dopo appena due anni, era salita vertiginosamente e dopo quattro era quasi raddoppiata. Nel frattempo, il lavoro cominciava a scarseggiare perché le banche, per via della crisi appena cominciata, faticavano sempre di più a concedere mutui.

Cercai di capire cosa stesse succedendo almeno al mio, di mutuo, e dopo qualche giro tra banca, perito e venditore, scoprii che non solo avevo acquistato la casa a un prezzo decisamente maggiore del suo valore, perché il perito che venne a valutarla all'epoca aveva sbagliato clamorosamente la stima, ma anche che mi avevano applicato un tasso di mutuo che sarebbe variato dopo soli due anni, facendo così raddoppiare la mia rata. A quel punto mi cadde letteralmente il mondo addosso.

Ammetto che provai un misto di paura e di terrore, perché mi immaginavo già in mezzo a una strada. Avvertii anche una cocente delusione, perché mi ero fidata di qualcuno che avrebbe dovuto guidarmi e che, invece, non lo aveva fatto. Ero furiosa perché mi ritenevo truffata per aver pagato la casa più di quello che effettivamente valeva. Infine, ero depressa, perché tutto quello che stava succedendo lo imputavo alla mia leggerezza, alla mia testardaggine e al voler realizzare quel mio sogno nel cassetto, che ora maledicevo.

In un solo colpo avevo distrutto tutto ciò su cui avevo basato la mia giovane vita: autostima, buona fede e ambizione. Ovviamente, quando ho provato a rinegoziare il mutuo per poterlo allungare su più anni allo scopo di poter abbassare la mia rata, la banca non ha potuto concedermi un nuovo mutuo perché il valore reale della casa era molto più basso rispetto a quello del finanziamento che mi avevano concesso al momento dell'acquisto. Morale della favola: dopo circa quattro anni la mia casa è stata messa all'asta, ma ci sono voluti altri due anni per portare a termine tutto l'iter: avevo ventisei anni quando è iniziato quell'incubo.

Per due anni mi sono ritrovata a vivere da abusiva in casa mia, aspettando il giorno in cui l'ufficiale giudiziario sarebbe venuto a sfrattarmi. In due anni non ricordo di aver passato una sola notte, neppure una soltanto, serena. Nel frattempo ho smesso di fare il broker perché il lavoro era decisamente scarso e inoltre non riuscivo più a portare avanti una professione in cui avevo smesso di credere.

Grazie a una cara amica che, oltre ad aiutarmi economicamente, mi aveva anche fatto ottenere un colloquio presso l'azienda in cui lavorava, tornai a fare la dipendente. Non guadagnavo molto ma alla fine del mese sapevo sempre che i soldi per mangiare e per le bollette li avevo.

A ventotto anni, per amore, mi sono trasferita a Roma e mi sono portata dietro tutto il mio carico di fallimenti. Tanto per cominciare, avevo una casa pignorata; poi avevo un debito enorme con la banca, perché quello che avevano recuperato dalla vendita all'asta non era nemmeno un terzo di quello che avevano finanziato a me; infine, avevo alle spalle un lavoro da libera professionista buttato nel cestino.

Stavo cercando di ripartire, anche se non sapevo come ci sarei riuscita, ma avevo scelto il luogo e la persona con la quale farlo, e ci stavo provando. Per alcuni anni non mi sono veramente assunta la responsabilità di quello che mi era successo, perché mi sentivo la vittima di una situazione che avevo vissuto con la mia totale buona fede. E, sicuramente, era stato anche così.

Tuttavia, il fatto di pensarla in questa maniera ha fatto sì che in me covassero sentimenti di frustrazione, rabbia, diffidenza, dolore, vittimismo: ancora una volta ero vittima di un fato a me avverso. Non vedevo altro se non l'enorme debito che la vita stava contraendo con me. La mia presunzione cresceva, le mie pretese si moltiplicavano e il mio senso di giustizia andava ben oltre il ragionevole buon senso. Vivevo in costante tumulto. Vivevo male.

La mia esistenza procedeva in questo modo, fino a quando una collega ha cominciato a farmi vedere cosa era diventata la mia vita e a farmi capire quanta responsabilità avessi nel continuare a crearla in questo modo.

Capii allora che il modo giusto di affrontare quel passato era più o meno questo: a me non interessa di chi sia la colpa, ma so che è mia responsabilità fare in modo che le cose volgano al meglio. È mia responsabilità permettere che l'esperienza che sto vivendo, prima di tutto, si trasformi in qualcosa di istruttivo e di costruttivo e soprattutto che non si ripeta, perlomeno non con le stesse modalità. Chiedersi di chi è la colpa o, peggio ancora, concentrarsi sul dare la colpa di una determinata situazione a qualcosa o a qualcuno ti paralizza.

SEGRETO n. 1: la prima cosa da fare in una situazione di stress è assumersi la totale responsabilità della situazione stessa e reagire.

Devi capire che se mantieni alta la concentrazione sulla domanda «Di chi è la colpa?» perdi totalmente il senso di quello che sta succedendo e, soprattutto, perdi di vista non solo lo scenario delle possibili soluzioni, ma anche la lucidità necessaria per re-agire a quella situazione in modo proficuo. Io per anni non feci nulla. Mi tenni il mio debito, le mie notti insonni, a Milano come a Roma e non reagii mai veramente a quello che mi era successo.

Dare la colpa a fattori esterni non serve a cambiare le cose. L'unica cosa che può cambiarle è la tua reazione in merito o la tua non reazione. Perché si può anche non reagire e, nonostante questo, rimanere centrati e nel giusto. La non reazione, però, prevede la piena comprensione di quello che sta accadendo o meglio una comprensione non viziata dal giudizio né dall'ego e neppure dal sentirsi vittima di qualcosa.

Ora ricorda che tu hai la piena responsabilità della tua vita, quindi sta a te la scelta della modalità con cui intendi affrontare una determinata situazione. Se il tuo capo è un tiranno, se è una persona perennemente arrabbiata, aggressiva o poco incline a riconoscere il valore del tuo lavoro, pensi che serva a qualcosa rimuginarci durante tutto il tempo che passi al lavoro? Te lo dico io: no. Non serve. Il tuo tormento non cambierà il suo modo di fare, il tuo pessimo umore e il tuo broncio costante non gli apriranno gli occhi sulla consapevolezza di quanto tu sia bravo e diligente.

Ci sono due modalità per affrontare una situazione come questa e te le consiglio entrambe. La prima consiste nel capire perché il tuo capo si comporta così e questo è possibile solo se si mette da parte il giudizio verso quella persona e il proprio ego da "vittima". La seconda si fonda sul non reagire, ovvero lasciare che il tuo capo prosegua nel suo sproloquio quotidiano.

Il primo metodo mira a entrare in empatia con la persona con cui ci si deve relazionare. Inizi a chiederti: «Perché fa così?» e ti dai delle possibili risposte. Ad esempio, immagini che abbia problemi in famiglia, forse un divorzio oppure un figlio – o un parente stretto – malato; è probabile che abbia delle difficoltà a far quadrare i conti dell'azienda oppure che stia affrontando un lutto.

In questo modo inizi a metterti letteralmente nei suoi panni e finisci con il chiederti: «Ma se fossi io a comportarmi così, per quale valido motivo lo potrei fare?» Perché nella tua mente, a parti invertite, tu avresti sicuramente un valido motivo per essere tanto aggressivo o scostante.

Così facendo, sperimenti il punto di vista dell'altro, un punto di vista diverso dal tuo, addirittura il punto di vista del tuo carnefice. Ti garantisco che questo primo approccio può cambiare di molto sia la percezione della persona che hai di fronte – mostrandotela come un essere umano – sia la percezione di quello che stai vivendo. Sperimentarla sul momento alleggerirà di parecchio il tuo stato d'animo.

Infatti, quando sei tu quello aggressivo o scontroso (che sia al supermercato, in automobile mentre guidi o con il tuo partner), devi ricordarti che non sempre il tuo interlocutore conosce il motivo della tua collera. Esattamente come tu non conosci il motivo per cui qualcuno fa la stessa cosa con te. Giusto? Respira, rimani lucido e sposta il tuo punto di vista.

Attenzione, non si tratta di giustificare l'aggressività o la violenza verbale o, peggio ancora, quella fisica, ma si tratta semplicemente di distogliere l'attenzione dal proprio ego ferito per cercare di comprendere con più lucidità quello che sta accadendo. Questa pratica serve a te per uscire dal *loop* della malattia che io chiamo "tutte a me!" Una malattia che, prima o poi, nella vita contagia tutti. C'è chi la contrae per un periodo limitato e chi ne è affetto da sempre ma non ha ancora capito "come farsi gli anticorpi". Il primo anticorpo si attiva con la comprensione della situazione vista dalla parte del carnefice.

SEGRETO n. 2: guarda gli altri come se stessi guardando te stesso fare le medesime cose.

Pensa: «Quale avvenimento potrebbe trasformarmi in un tiranno? Sono mai stato aggressivo, scontroso, irascibile e suscettibile con qualcuno senza accorgermene? E, se l'ho fatto, perché l'ho fatto? Quali erano i miei validi motivi?» Questo alleggerirà di molto il tuo umore quando qualcuno ti getterà addosso la sua frustrazione o la sua rabbia.

Cerca di capire che non è solo uno sforzo che fai verso l'altro, ma è prima di tutto uno sforzo che fai in favore di te stesso: ti garantisco che ti servirà quando, nel quarto capitolo di questo libro, parleremo del perdono. Comincia da subito a non pensare al falso problema del "di chi è la colpa".

Il secondo modo con cui puoi affrontare questo tipo di situazione è la non reazione. Il tuo capo è un tiranno e ti sei già interrogato sul perché, sei entrato in empatia con lui, ma la situazione non cambia. Bene, allora è il momento di guardare verso te stesso, a quello che sei e al valore che dai a ogni ambito della tua vita, compreso il lavoro. È fondamentale che sia tu a darti valore, prima di pretenderlo dagli altri. Questa è una parte piuttosto complessa ma importante quanto le altre, se non di più.

Ti faccio un esempio pratico che, specialmente sul lavoro, si presenta come una dinamica classica. Qualche tempo fa, parlando con un'amica, mi sono ritrovata a riflettere proprio su questo argomento. Lei si lamentava del fatto che lavorasse giorno e notte senza che le venissero retribuiti gli straordinari e che, per giunta, dal suo capo non arrivava nemmeno un gesto di gratitudine.

A quel punto le ho chiesto: «Tu perché lavori così tanto? È stato il tuo capo a chiederti di fare gli straordinari?» Erano domande semplicissime che, però, la spiazzarono. Rispose che il capo non le aveva chiesto di fare gli straordinari, ma le aveva affidato dei lavori importanti e urgenti e così si era ritrovata costretta a lavorare di notte.

Essendo io ormai lontana da certe logiche, continuai a domandarle come mai, se la giornata lavorativa era di otto ore e gli straordinari non le venivano riconosciuti, avesse lavorato ben oltre quegli orari. Allora mi rispose: «Ma come? Il lavoro va fatto, se non riesco a terminarlo nelle otto ore, devo per forza andare oltre». Allora le chiesi se, considerata la mole di lavoro, avesse fatto presente al suo capo che il tempo necessario per portarlo a termine avrebbe superato di gran lunga le otto ore canoniche e che, quindi, avrebbe dovuto chiedere un'autorizzazione a fare degli straordinari per ultimarlo. Mi disse che non aveva detto nulla, ma che era rimasta in ufficio oltre l'orario di chiusura continuando a lavorare perfino a casa.

Il mattino successivo il lavoro era finito, ma lei era stanca, poco lucida e nervosa. Il suo capo vide che il lavoro era stato terminato, lo esaminò e si accorse di un piccolissimo errore: si trattava di un banale errore di distrazione, ma era lì, in bella vista, e tutta la sua attenzione si concentrò su quello. Ovviamente la mia amica ne fu distrutta. Aveva lavorato giorno e notte, mettendo da parte la sua famiglia e, ora, il ringraziamento era una lavata di capo per un piccolissimo errore di distrazione.

Cosa pensi che sia successo in questa situazione? Normalmente, davanti a un racconto del genere si simpatizza per il dipendente ed è comprensibile, ma non si tiene conto di una cosa importantissima: il dipendente è stato il primo a non dare valore al suo lavoro ma, paradossalmente, al tempo stesso ha preteso che lo facesse il suo capo.

Si tratta di un meccanismo quasi inconscio, che fa parte di quell'aspetto di noi che cerca l'approvazione, a tutti i costi, di chi ci fa scivolare in questi banali errori. Dissi alla mia amica che il suo capo non poteva riconoscerle un valore che lei stessa non si attribuiva. Prima di tutto, infatti, la dipendente non aveva detto che ci sarebbero volute più di otto ore per svolgere quel compito. Così facendo, non aveva dato importanza alla mole di lavoro, sminuendone addirittura la complessità. In secondo luogo non aveva chiesto l'autorizzazione a poter fare gli straordinari, togliendo così valore economico alla sua opera e riconoscendo, al tempo stesso, uno scarso valore al suo tempo dentro e fuori dall'ufficio, al tempo dedicato alla vita privata e alla famiglia.

Non sto dicendo che se avesse agito in questo modo il capo le avrebbe sicuramente concesso gli straordinari (conosco fin troppo bene il mondo del lavoro), ma sto dicendo che era sua responsabilità verbalizzare quelle richieste: così avrebbe attribuito il giusto valore a se stessa e al suo lavoro e, soprattutto, avrebbe dimostrato al suo datore di lavoro di saper ponderare il proprio valore.

Se non diamo valore al nostro tempo, alla nostra persona, al nostro impegno, al nostro lavoro e, di conseguenza, eseguiamo gli ordini e basta, le persone ci percepiranno esattamente come macchine che eseguono degli ordini. Non penseranno a noi come a dei professionisti dotati anche una vita privata. Gli altri ci considereranno persone incapaci di dare valore a se stesse e a quello che fanno.

SEGRETO n. 3: datti valore e affermalo; gli altri ci percepiscono esattamente come ci percepiamo noi e questa percezione di noi si rifletterà in ogni ambito della nostra vita: professionale, affettivo, sociale.

Se impari a darti valore come persona, come professionista, come lavoratore, come partner, come amico ti assicuro che difficilmente cadrai nell'errore di essere percepito come una macchina o, peggio ancora, come la valvola di sfogo di un capo, di un partner o di un amico che si comporta da tiranno. Quando hai la percezione del tuo valore, automaticamente percepisci il valore altrui, nel bene o nel male.

Ora, mettiamo che tu abbia provato a entrare in empatia con il capo: tu ti senti meglio, ma il suo atteggiamento non è cambiato e questo continua a disturbarti. Adesso però sai chi sei, quanto vali e quanto vale il tuo lavoro e, soprattutto, sai quanto poco valore e impatto possano avere su di te gli sproloqui di un capo che è spesso aggressivo. E lo sai perché adesso hai ben chiaro in testa che il problema è suo e non tuo. È lui che mette in gioco la sua salute perché è perennemente in preda alla collera. Ma comprendi anche che la tua responsabilità è rivolta in primo luogo verso te stesso e verso la tua salute e solo in secondo luogo verso il tuo lavoro, un lavoro che sai già di svolgere nel migliore dei modi, con onestà, impegno e professionalità. Che altro serve?

Se impari a non tenere in considerazione quelli che sono gli sfoghi che spesso ti vengono letteralmente "vomitati addosso" (non solo sul posto di lavoro) e se impari a continuare per la tua strada facendo parlare solo il tuo buon operato, sentirai molto meno la pressione degli altri su di te.

Quando si ha la coscienza a posto, perché si è sicuri del proprio impegno, della propria serietà e onestà, pensi che una strigliata gratuita possa fare la differenza? Credi che sia giusto nei confronti di te stesso far sì che un atteggiamento sgarbato e immotivato possa permettersi di ferirti? Se è così, stai delegando ad altri la tua felicità e, addirittura, la stessa opinione che tu hai di te stesso. Stai facendo l'errore più grossolano e dannoso che puoi fare contro te stesso e contro la ricerca della tua felicità: quello di cercare approvazione dall'esterno.

SEGRETO n. 4: l'approvazione parte da te, sei tu a stabilirla, e il mezzo necessario per conquistarla è darti valore senza aspettare che siano gli altri ad attribuirtelo.

Quando dai la colpa a fattori esterni, non solo ti togli valore ma ti sollevi anche dalla responsabilità della tua stessa vita, del tuo successo e della tua felicità. La stessa cosa vale nel rapporto con i colleghi, con gli amici e con il partner.

Di chi è la colpa se ti senti ferito? È solo tua. Sei tu che ti senti così e ti senti tale perché stai dando più importanza all'opinione di qualcun altro a discapito dell'opinione che tu hai di te stesso e, così, stai dando all'altro il potere di farti sentire in questo stato.

Il tuo valore lo stabilisci tu, non gli altri! E se pensi che qualcuno ti abbia ferito perché ti ha offeso, forse stai solo cercando la sua approvazione. Quando il mio compagno litiga con me, spesso gli dico: «Tu lo sai che stai litigando da solo, vero?» Non serve l'approvazione, non serve nemmeno ottenere la ragione, serve crescere e trovare una soluzione al problema.

La discussione deve essere un confronto in cui entrambe le parti trovano un'occasione di crescita e di miglioramento. Se si trasforma in urla, offese e gesti d'ira, a quel punto devi chiamarti fuori, anche quando non sei tu a urlare o a offendere.

Assumiti la responsabilità della tua vita e afferma a te stesso e a chi ti circonda il tuo valore. Vedrai che, di riflesso, le persone tenderanno a ferirti di meno, a mancarti meno frequentemente di rispetto: gli altri non avranno più la tendenza a giudicarti e a usarti come una "macchina che esegue" o come la loro personale valvola di sfogo. Riconosceranno il tuo valore perché sarai tu stesso a mostrarlo e ad affermarlo, anche verbalmente se necessario: brillerai della sua luce e sarai oggetto di stima, di rispetto e di confronto.

Quando capisci che la maggior parte di ciò che ti succede e delle persone che ti sono vicine le hai scelte tu, più o meno consapevolmente con il tuo modo di vedere le cose e di affrontarle (magari anche perché eri affetto dalla malattia del "tutte a me!") allora ti si apre un mondo.

Si apre una porta gigantesca, grazie alla quale inizi a vedere chiaramente cosa ti circonda e perché. Ma la cosa straordinaria è che inizi ad avere la consapevolezza che puoi cambiare tutto quello che non ti piace. Perché, così come hai attirato con i tuoi pensieri e con i tuoi atteggiamenti ciò che ora non ti sta più bene, allo stesso modo hai il potere di allontanarlo e di attirare qualcosa di bello per te.

Non rimanere ancorato ai sensi di colpa o alla necessità di dare la colpa a qualcuno o a qualcosa. Come diceva Epiteto: «Accusare gli altri della propria sfortuna è segno di un bisogno di educazione. Accusare sè stessi significa che la propria educazione è incominciata. Non accusare né sè stessi né altri significa che la propria educazione è stata completata».

RIEPILOGO DEL CAPITOLO 2:

- SEGRETO n. 1: la prima cosa da fare in una situazione di stress è assumersi la totale responsabilità della situazione stessa e re-agire.
- SEGRETO n. 2: guarda gli altri come se stessi guardando te stesso fare le medesime cose.

SEGRETO n. 3: datti valore e affermalo; gli altri ci percepiscono esattamente come ci percepiamo noi e questa percezione di noi si rifletterà in ogni ambito della nostra vita: professionale, affettivo, sociale.

- SEGRETO n. 4: l'approvazione parte da te, sei tu a stabilirla, e il mezzo necessario per conquistarla è darti valore senza aspettare che siano gli altri ad attribuirtelo.

CAPITOLO 3:
Elimina il giudizio

Questo è un argomento che mi sta particolarmente a cuore, perché credo che il novanta percento della popolazione mondiale faccia dipendere la propria vita dal giudizio. Siamo perennemente preoccupati di quello che gli altri pensano o dicono di noi. Anche chi dice che del giudizio altrui se ne infischia, in fondo in fondo sa che spesso si trova, per primo, a giudicare gli altri. Viviamo nell'era dell'insicurezza e lo dimostra il fatto che si vive più sui social network che in mezzo alla strada, tra la gente.

Abbiamo un bisogno costante di condividere la maggior parte della nostra giornata con amici reali e virtuali. E non c'è nulla di male nel voler condividere i nostri bei momenti, ma quello che però si vede è la condivisione ogni cosa, dalla più intima alla più insignificante, allo scopo di avere un *like*. Sì, perché più ne hai e più piaci.

Più *like* abbiamo e più ci sentiamo accettati, apprezzati, capiti e amati. E così si è diventati dipendenti dal "mi piace". Se non riscuotiamo abbastanza successo nel nostro mondo virtuale, allora c'è qualcosa in noi che non va.

Si sta manifestando l'esigenza di piacere sempre, a ogni costo, in ogni situazione, perfino in quelle più intime e delicate. Nello stesso modo si guarda ciò che fanno gli altri e si giudica: «Quello che scrive quelle cose è un depresso»; «Guarda quella lì! Ma che foto ha messo? Chi si crede di essere?» E giù a commentare, a esprimere persino commenti velenosi, giudicando tutto e tutti, perché l'assunto implicito è: «Se ti esponi con un post, devi essere consapevole che chi lo legge può non essere d'accordo con te». Giustificando, così, anche il diritto all'offesa o, peggio ancora, all'insulto.

Questo comportamento si è trasformato in un circolo vizioso e i social network nelle stanze in cui un'esistenza acquista valore o lo perde in base all'indice di gradimento che riscuote. Questa dinamica, a mio parere malata, riguarda soprattutto l'aspetto della nostra vita legato all'area virtuale e ai social network.

Nella quotidianità, peraltro, le cose non sono diverse, perché lo stesso atteggiamento da giudicanti e da giudicati lo abbiamo anche quando passeggiamo per la strada, quando siamo al lavoro, quando guidiamo nel traffico. L'unica differenza è che nella vita reale siamo più accorti, un po' più cauti nel parlare e meno sfrontati. Come si dice, a casa è più facile essere dei "leoni da tastiera". Il nostro atteggiamento, però, non cambia di molto nella vita reale, piuttosto lo dissimuliamo con un sorriso di circostanza, un colpo di tosse, una barriera fittizia e fragile che, a volte, non siamo nemmeno in grado di sostenere.

Siamo schiavi del giudizio che riceviamo e schiavi del giudizio che diamo agli altri e a noi stessi. Tutto ruota intorno a "cosa pensano gli altri di me" e a "cosa penso io di loro". Se questa non è profonda insicurezza, non saprei come altro chiamarla.

L'abitudine a giudicare è quella che considero la peggiore malattia dell'animo umano, peggiore dell'aridità di sentimenti o dell'apatia, perché il giudizio è la cosa che, più di ogni altra, influenza il nostro agire nei confronti di noi stessi e del mondo che ci circonda. Non è sempre facile, ma io mi sforzo di vivere in un costante stato di assenza di giudizio e ti assicuro che ciò che riesco a provare assomiglia a uno stato di grazia. È una benedizione che auguro con tutto il cuore a tutti di assaporare.

Tempo fa, anch'io tenevo in considerazione il giudizio degli altri e, ancora peggio, giudicavo me stessa in continuazione. Perché c'è una cosa da aggiungere: siamo attenti al giudizio degli altri perché spesso siamo noi le prime vittime del nostro stesso giudizio.

All'apparenza sembravo una persona abbastanza equilibrata, con una buona autostima, ma nel mio intimo mi giudicavo spesso ed ero estremamente critica e severa. Questo atteggiamento mi rendeva, di conseguenza, severa anche nei confronti degli altri. Avevo l'abitudine di pretendere molto perché ritenevo di dare molto. Quando si ragiona in questi termini, ogni gesto che si fa, dal più piccolo al più significativo, perde inevitabilmente gran parte del suo valore.

Spesso giudichiamo gli altri anche senza esserne consapevoli. Pensaci bene, quante volte hai detto o hai sentito dire "sono una persona che pretende molto perché sono una persona che dà molto"? La cosa peggiore è che questo modo di pensare è anche comunemente giustificato, come se al "dare molto" debba corrispondere un equivalente "quantitativo" da ricevere. Ecco, questa è la più grande idiozia socialmente accettata che io conosca.

E ti spiego perché. Quando si dà a qualcuno, lo si dovrebbe fare per il solo piacere di farlo. Ogni azione volta al bene e all'aiuto dell'altro dovrebbe essere totalmente disinteressata. Se non lo è, se ci si aspetta una ricompensa o anche solo la riconoscenza, il gesto perde il suo valore principale: l'amore. Il donarsi agli altri dovrebbe essere guidato dal solo altruismo. Se non è così, meglio non fare nulla.

Hai mai provato a fare qualcosa per qualcuno che poi non solo non ti è stato riconoscente, ma si è addirittura negato nel momento in cui eri tu ad avere bisogno? Come ti sei sentito? Scommetto che ti sei sentito tradito, amareggiato, deluso, frustrato e, immagino, anche molto arrabbiato. È probabile che, proprio a causa di quel gesto, abbia anche chiuso i rapporti con quella persona. Posso dirti una cosa? Forse hai sbagliato. Sì, hai aiutato qualcuno ed è possibile che tu abbia sbagliato a farlo.

Anche se sei convinto di averlo fatto in modo disinteressato, devi considerare che, se ti sei sentito così, allora un interesse – fosse stato anche la semplice riconoscenza – lo avevi. Probabilmente te ne sei accorto solo quando ti sei ritrovato a essere tu al posto di quella persona e, a tua volta, hai chiesto aiuto, oppure lo hai semplicemente notato quando il vostro rapporto si è interrotto.

SEGRETO n. 1: fare del bene non può nascere da un'idea di appagamento dell'ego, in forma di ricompensa materiale o non materiale, cioè dall'aspettativa di un appagamento che sia presente o futuro.

Fare del bene veramente significa farlo a chiunque, in qualsiasi momento, anche se sai che quella persona non la rivedrai più. È utile che tu sappia che l'universo ha mille modi di ricompensare il bene che si fa in maniera disinteressata. Puoi non crederci, ma finché non sperimenti il bene disinteressato non puoi affermare il contrario, quindi prova a fidarti di questa meravigliosa legge divina. Sperimentalo e sono certa che arriverai alla mia stessa conclusione.

Facciamo un esempio pratico che forse ti farà capire meglio cosa intendo: hai mai aiutato un anziano ad attraversare la strada? Oppure, hai mai ceduto il tuo posto in autobus a una donna incinta? Hai mai donato una coperta a un senzatetto? Se hai fatto anche una sola di queste banalissime cose, puoi capire cosa significhi fare del bene in modo disinteressato. Se invece non ti è mai capitato di compiere una di queste azioni, ti consiglio vivamente di provarci. Come ti sei sentito? Io provo enorme piacere a fare del bene in modo disinteressato e, quando ho scoperto il significato dell'"amore a prescindere", per me è stata una liberazione.

Faccio del bene a qualcuno quando sento di volerlo fare, quando ne ho la possibilità, non quando mi sento in debito con qualcuno o perché penso che un giorno quel qualcuno dovrà sentirsi in debito con me. Mi sforzo di agire così perché, prima di tutto, ho fiducia in me stessa e nelle mie capacità di adattarmi ai cambiamenti della vita senza necessariamente appoggiarmi a qualcuno. Poi, so anche che, se dovessi avere bisogno dell'aiuto di qualcuno, quella persona si paleserebbe nella mia vita. Non so perché, non so come, ma so che succederebbe. Potrebbe trattarsi di una persona che conosco già oppure di un estraneo, poco importa. Ma so che arriverebbe con i mezzi e con la soluzione adatti al mio problema.

E so tutto questo perché lo sperimento ogni giorno: ho fiducia nell'universo e so che il bene che faccio e l'amore che distribuisco ritorneranno a me sempre, soprattutto quando ne avrò bisogno. Cosa c'entra tutto questo con il giudizio? C'entra eccome! Quando fai del bene senza lo scopo di essere ricompensato nel presente o nel futuro, ti senti libero.

Non sei nemmeno più condizionato dal giudizio, perché il giudizio spesso nasce dalle aspettative che abbiamo nei confronti degli altri e da quelle che pensiamo abbiano gli altri nei nostri confronti. Pensaci, se aiuti qualcuno per il solo piacere di farlo, cosa ti importa se quel qualcuno non ci sarà quando sarai tu ad avere bisogno di aiuto? Sai già che il modo di risolvere il tuo problema lo troverai da solo o, comunque, che la soluzione e l'aiuto arriveranno da qualcun altro.

L'idea di fare del bene per avere qualcosa in cambio viene da molto lontano, perché è radicata nella nostra cultura, specialmente in quella cattolica: fai del bene e avrai un posto in paradiso. In quanti hanno travisato questo messaggio? Si pensa: «Io faccio del bene perché in cambio ottengo il paradiso», ma non funziona così, e non è per questo che si fa del bene al prossimo. Bada bene che parlo di meccanismi inconsci, di cui non ci rendiamo conto quasi mai, ma che influenzano molto il nostro modo di agire e di pensare.

Aiutare gli altri, in realtà, prima di tutto aiuta noi a stare meglio e non perché così si appaga un ego che ci vuole caritatevoli, ma perché è la sensazione stessa a risultare appagante: ci riempie, ci fa "sorridere il cuore". Aiutare l'anziana ad attraversare la strada non ha nulla a che fare con una ricompensa terrena e nemmeno con la promessa del paradiso perché, se lo hai fatto almeno una volta, puoi capire che la beatitudine che si prova facendo un gesto disinteressato è immediata. Quell'anziana, con ogni probabilità, non la rivedrai più, ma le hai semplicemente prestato aiuto e questo è un gesto di amore incondizionato.

La stessa cosa deve valere quando aiuti un amico, un parente o un familiare. Se aiuti un amico a risolvere un problema, lo fai perché pensi di essere in grado di farlo, perché hai la possibilità di farlo e hai il piacere di farlo. Quando mi capita di aiutare qualcuno, penso spesso che il mio gesto possa in qualche modo influenzare i gesti dell'altro: forse un giorno anche l'amico che ho aiutato in maniera disinteressata avrà voglia di fare la stessa cosa con qualcun altro. Non necessariamente con me e non ha importanza con chi, perché ciò che conta è che il bene venga fatto "a prescindere".

Magari quel mio amico si sentirà talmente felice per aver risolto il suo problema, forse grazie anche al mio supporto, che potrebbe a sua volta aiutare lo sconosciuto che non vedrà più. Vivere di amore incondizionato, di "bene a prescindere", ci avvicina tantissimo a quello stato di "assenza di giudizio" in cui tutti dovremmo vivere.

SEGRETO n. 2: fai perché senti, non perché vuoi essere sentito; c'è una grande differenza.

Dai perché hai qualcosa da dare, non perché un giorno vorrai qualcosa in cambio da qualcuno. Facendo così, non ti interesserà più ciò che gli altri pensano di te e nemmeno tu avrai opinioni sugli altri, perché non sarai più schiavo delle aspettative né, di conseguenza, di alcun giudizio che possa nascere da quelle stesse aspettative, quando vengano disattese. Lo stato di assenza di giudizio è pura beatitudine e, per arrivare a viverlo, il primo passo da compiere è fare del bene sempre in modo disinteressato.

Non molto tempo fa ho aperto una Pagina Facebook, un piccolo blog dove mi diverto a postare citazioni celebri e, ogni tanto, a fare brevi video in cui racconto qualche mia esperienza e il modo in cui ho cercato di affrontarla per superarla al meglio. I primi tempi, nonostante tutto il mio lavoro interiore, le letture, i corsi e i buoni consigli che ho sempre dispensato agli amici che me ne chiedevano, ammetto che mi sentivo spaventata.

Ero spaventata dall'idea di espormi così tanto. Io, che tra gli amici sono sempre stata nota per la mia riservatezza, proprio io mi filmavo con un cellulare e parlavo in rete degli affaracci miei, arricchendo i fatti anche con delle riflessioni personalissime. Mi sono detta: «Penseranno che sono impazzita», e confesso che questo è stato il giudizio più carino che ho pensato mi avrebbero riservato.

Poi mi sono fermata un attimo e mi sono chiesta: «Perché lo sto facendo?» E mi sono data la risposta più semplice di questo mondo: «Per aiutare e ispirare chi sta passando o ha passato situazioni simili a quelle che ho affrontato io. Per poter dire a chi legge il blog e a chi guarda i miei video: «Sappi che c'è un altro modo di vedere le cose e spero che farti cambiare prospettiva possa aiutarti a cambiare anche il modo di vivere quello che stai vivendo, se il modo che stai adottando ora non ti soddisfa».

Qualcuno, tempo fa, ha dato la stessa possibilità a me e questo è il mio modo per restituire il favore. A chi restituire il favore? Non importa a chi. Ne basta uno. Se anche una sola persona ha trovato utile una delle mie frasi, qualche citazione o riflessione o, infine, qualcuno dei miei video, allora so che ne è valsa e che ne vale la pena. È per questo che mi sono buttata. Pensaci, è così importante il giudizio degli altri? Cosa cambia, in te stesso, il parere che gli altri hanno di te? Se sai chi sei e sai che sei una brava persona, che fa del bene quando può e senza volere nulla in cambio, che valore ha il fatto che qualcuno dica di te il contrario? Tu rimani la stessa persona, no? Le tue azioni non cambiano. I tuoi pensieri sono sempre gli stessi. La percezione del tuo valore, quindi, non può mutare. Eppure ci offendiamo a morte se ci criticano, se mettono in dubbio i nostri princìpi, il nostro modo di vivere. Ma perché?

SEGRETO n. 3: se credi fermamente in quello che fai e sai esattamente chi sei, il giudizio degli altri perde per te ogni valore e svanisce in te anche la tentazione di giudicare gli altri.

Le persone possono non capirti o possono non comprendere il tuo modo di pensare e di agire, ma tu hai la tua storia, che solo tu conosci e pertanto solo tu puoi conoscere le ragioni profonde per le quali agisci in un certo modo. Quando intraprendi qualsiasi azione o qualche percorso personale o professionale, non devi mai dimenticare chi sei, cosa fai e perché lo stai facendo.

Soprattutto devi ricordare che le azioni che compi, se sono volte al bene tuo e/o degli altri, rappresentano l'espressione migliore di te stesso a prescindere dai giudizi altrui. La critica va bene se è costruttiva, se rappresenta un modo per confrontare vite diverse e percorsi diversi allo scopo di poterne scoprire di nuovi e più congeniali a noi attraverso gli altri.

La critica aiuta a crescere e a migliorarsi, ma giudicare non ha nulla a che fare con tutto questo. Giudica chi non sa o ha paura di sapere. Ma tu sai e, quando sai, non solo accade che il giudizio non ti tange minimamente, ma non ti viene nemmeno voglia di giudicare gli altri, perché sviluppi quell'empatia necessaria per metterti nei loro panni.

Ricordo che mia madre mi diceva sempre che ero grassa o in sovrappeso. Lo faceva perché ci teneva alla mia salute e quella critica era il suo modo di spronarmi ad alimentarmi in modo sano, più che a farmi stare attenta alla linea per una questione estetica. Ovviamente, questo suo modo di motivarmi provocava in me la reazione opposta. Quindi, crescendo, mi sono accorta che ero una di quelle persone che, quando sono stressate, ingrassano. Ingrassavo perché mangiavo di più e peggio del solito.

Ogni volta che uscivo per strada e vedevo qualche ragazza in sovrappeso, sentivo molte delle mie coetanee commentare più o meno in questo modo: «Ma come si veste quella? Con un fondoschiena così non dovrebbe nemmeno vederli in fotografia quei vestiti, figuriamoci indossarli».

A volte mi aggiungevo al coro dei commenti ma (era più forte di me) mi sentivo malissimo e nella mia testa partivano immagini come quelle di un film. Pensavo: «Chissà come mai quella ragazza è in sovrappeso. Forse mangia molto perché sta passando un periodo di stress, forse ha perso qualcuno, o ha perso il lavoro, oppure è stata lasciata dal fidanzato». Non riuscivo a non immedesimarmi in quella ragazza e non potevo non provare per lei tanta compassione. Come potevo giudicarla se io stessa, quando ero stressata, mangiavo molto e, solo per miracolo, non ingrassavo più di quei quattro o cinque chili che mi facevano passare da una taglia quarantadue a una taglia quarantaquattro?

Certo, a volte capitava anche a me di scivolare nella trappola del giudizio e, in verità, mi capita ancora oggi, lo ammetto, ma meno frequentemente che in passato. Adesso, ogni volta che si presenta l'occasione (e vi assicuro che in una giornata le occasioni di giudicare qualcosa o qualcuno sfiorano il centinaio), mi fermo e penso: «Io non so nulla di quella persona, non so che vita ha avuto, non so cosa stia passando per essere così e per comportarsi così, io non so nulla e nulla mi sento di dire in merito».

Ho scoperto che, se non mi piace qualcosa, non devo necessariamente giudicarla attribuendole un'etichetta o un marchio, come fosse una lettera scarlatta. Posso semplicemente dire: «Questo non fa per me»; «Non è nelle mie corde»; «Un comportamento simile non mi appartiene». Però c'è una cosa fondamentale da sapere sull'assenza di giudizio: non la sperimenterai mai se prima non avrai smesso di giudicare te stesso.

Finché non ti amerai per quello che sei, con i tuoi pregi e con i tuoi difetti, con i tuoi momenti di debolezza, di rabbia e di delusione, finché ti condannerai perché provi quelle sensazioni, non sarai in grado di progredire nella tua crescita personale e non ti avvicinerai alla felicità che tanto sogni. La prima persona che non devi giudicare è proprio te stesso. Specialmente nei momenti di debolezza, non devi cedere alla tentazione di farlo.

I momenti difficili capitano a tutti, perché è un'impresa essere "zen" 24 ore su 24 e 7 giorni su 7, a meno che tu non viva isolato o come un eremita. Se vivi in questa società, ti capiterà di scontrarti con situazioni poco piacevoli e proverai una di quelle sensazioni negative. Bene: accettale, lasciale fluire, perché le sensazioni sono solo energia e, come tale, devono scorrere in noi e attraverso di noi per far sì che non vengano trattenute.

Quando ci giudichiamo per il nostro stato d'animo, non facciamo altro che opporre resistenza a quello che stiamo sperimentando e, in questo modo, impediamo alle brutte sensazioni di lasciarci. Quando proviamo rabbia, per esempio, dovremmo fermarci un attimo, ovunque ci troviamo, chiudere gli occhi e rifletterci sopra: «Ok, sono arrabbiato, sto provando rabbia».

Ma cos'è la rabbia? È energia, esattamente come lo è la gioia. Adesso senti questa rabbia che ti scorre dentro e senti di voler urlare, spaccare tutto, insultare la persona che ti ha fatto arrabbiare e vorresti capire perché stai così male. Se, quando ti capita di provare una sensazione negativa, ti fermi e inizi un dialogo interiore come quello appena descritto, ti posso assicurare che già un buon trenta percento di quella rabbia se ne sarà andata.

È una cosa di cui ti accorgerai all'istante e, oltre a veder scemare la rabbia, inizierai fin da subito a ritrovare la lucidità necessaria per affrontare la situazione. Quando sospendi il giudizio verso te stesso, arrivi quasi naturalmente sulla strada della comprensione degli altri e della totale assenza di giudizio nei loro confronti.

SEGRETO n. 4: accettati e perdonati per gli errori passati; riconosci di essere umano e, come tale, di avere la facoltà di sbagliare.

Ricorda che è proprio dagli errori che si imparano le lezioni più importanti della vita. Non giudicarti per il passato e nemmeno per il presente, perché sei qui per trovare e per donare al mondo la versione migliore di te e, se non sbagli, difficilmente la troverai.

Come diceva Platone: «Ogni persona che incontri sta combattendo una battaglia di cui non sai nulla. Sii gentile. Sempre».

RIEPILOGO DEL CAPITOLO 3:

- SEGRETO n. 1: fare del bene non può nascere da un'idea di appagamento dell'ego, in forma di ricompensa materiale o non materiale, cioè dall'aspettativa di un appagamento che sia presente o futuro.
- SEGRETO n. 2: fai perché senti, non perché vuoi essere sentito; c'è una grande differenza.
- SEGRETO n. 3: se credi fermamente in quello che fai e sai esattamente chi sei, il giudizio degli altri perde per te ogni valore e svanisce in te anche la tentazione di giudicare gli altri.
- SEGRETO n. 4: accettati e perdonati per gli errori passati; riconosci di essere umano e, come tale, di avere la facoltà di sbagliare.

CAPITOLO 4:
Il potere del perdono

Questo è un capitolo molto importante, e non solo di questo libro: è un capitolo importante della tua vita. È la chiave che apre la porta della felicità. Il perdono è uno degli strumenti più potenti per poter superare il passato, per poterlo accettare, per poterlo comprendere. È in assoluto lo strumento più efficace che hai a disposizione per essere in pace con te stesso e con gli altri.

Non è facile perdonare, ma è essenziale farlo se si vuole crescere come persona, perché questo gesto è necessario per evolversi e per ambire a una felicità che non sia strettamente connessa a un evento o a un episodio circoscritto, ma che sia una felicità perenne. Soprattutto, una serenità che ti accompagni anche durante i momenti difficili. Come utilizzare questo strumento? Partendo da sé stessi. Il perdono parte dal perdono di sé stessi. Senza questo passaggio, sarà molto difficile imparare a perdonare gli altri.

SEGRETO n. 1: il perdono è il più potente strumento di cambiamento che hai a disposizione e deve cominciare da te: devi perdonare te stesso, accettarti per quello che sei, con la consapevolezza che puoi migliorare ogni giorno.

Devi accettare il tuo passato, perché per te è stato motivo di crescita e non devi farlo diventare motivo di rimprovero o di autocommiserazione.

Spesso, quando ci viene fatto un torto o uno sgarbo, crediamo di aver perdonato chi ci ha fatto oggetto di quella che percepiamo come un'ingiustizia. In realtà non è così, o meglio, non è sempre così. Capita invece di covare rabbia, risentimento e un senso di frustrazione. A volte, tutte queste sensazioni rimangono sopite, o addirittura non crediamo nemmeno di provarle, perché sono sepolte da quella che è la nostra quotidianità. Pensiamo cioè di aver chiuso quel capitolo e di aver archiviato il file alla voce "è passato, sono cose che succedono".

Questo processo non corrisponde esattamente a quello che invece succede nel nostro animo perché, più profondamente dentro di noi, tendiamo a perdonare solo se in cambio riceviamo qualcosa: delle scuse, un risarcimento oppure la promessa che quel gesto che tanto ci ha fatto male non si ripeterà più. Questo, però, è un perdono "condizionato", cioè un perdono che concediamo solo in cambio di qualcosa.

Lo facciamo spesso e lo facciamo quasi tutti, solo che, se fossimo davvero onesti con noi stessi, dovremmo ammettere che, in realtà, pur credendo di aver concesso il nostro perdono a chi ci ha ferito, non ci sentiamo davvero meglio dopo aver perdonato, non ci sentiamo realmente sollevati: piuttosto rimane dentro di noi un senso di amarezza e di delusione.

Il motivo di questo stato d'animo è semplice: perdonare in modo "condizionato" non significa perdonare davvero. Infatti, appena si manifesterà un analogo evento spiacevole o un'occasione in cui qualcuno ci ferisce, non solo avremo difficoltà a perdonare l'altro, ma riaffioreranno tutta la rabbia, la frustrazione e la delusione che avevamo provato in passato e che, in verità, eravamo solo riusciti a seppellire.

Concedere il perdono "in cambio di" non fa altro che prendere il dolore provato e trasferirlo sotto un tappeto. Non lo elimina, lo nasconde. E lo fa solo temporaneamente. Quel carico di dolore che ci portiamo dietro è sempre pronto a riemergere e lo farà non appena le circostanze lo chiameranno in causa con un'esperienza simile.

Recentemente ho letto un sondaggio in cui veniva chiesto agli utenti se, qualora ne avessero avuto la possibilità – una sorta di bacchetta magica in dotazione – avrebbero cambiato il loro passato: almeno l'ottanta percento delle risposte era affermativa. Otto persone su dieci, potendo, avrebbero cambiato il loro passato. Perché? Per non commettere sbagli e per evitare, così, sofferenze, tradimenti, delusioni, fallimenti.

Il passato è doloroso per molti e comprendo il desiderio di di volerlo cambiare o addirittura cancellare. È per questo che è estremamente difficile perdonare, perché siamo impregnati di emozioni negative legate al passato. Ne sono intrisi sia il nostro corpo, sia il nostro spirito. Quando soffriamo per qualcosa, il dolore ci rimane dentro. Anche quando pensiamo di essercene liberati, di averlo superato, quello si imprime nella nostra anima e lascia un segno indelebile, una cicatrice.

Così, ogni volta che ci troviamo a rivivere una situazione più o meno dolorosa, quella stessa cicatrice pulsa, brucia e ci ricorda che abbiamo già sofferto per qualcosa di simile. È questo il problema, ma è anche la chiave per capire come si possa imparare a perdonare: liberarsi dalle emozioni negative, lasciare andare il dolore, la delusione, la frustrazione ed eliminare, prima di tutto, il giudizio verso noi stessi e poi quello rivolto verso gli altri.

SEGRETO n. 2: l'unico modo per imparare il perdono è lasciare andare le emozioni negative che soffocano il tuo cuore e che, come una corazza sempre più spessa, imprigionano la tua anima.

Molti guardano al proprio passato e si dicono: «Cambierei tante cose del mio passato». Se sei tra quelli che la pensano così, allora non conosci ancora il vero significato della parola perdono.

Il perdono non può che partire da te, dall'accettazione di ciò che sei e di ciò che sei stato. Se rinneghi il tuo passato, significa che non hai ancora perdonato i tuoi errori e, se non hai perdonato i tuoi errori, allora forse non sei neppure in pace con te stesso, dal momento che ti stai trascinando dietro una grande quantità di emozioni negative, legate a qualcosa che è già successo e che nulla hanno a che fare con il presente.

Le emozioni negative ristagnanti rischiano di farti sentire in difetto nei confronti degli altri, perché ti fanno subire il giudizio e ti portano a diventare sempre più intransigente sia nei confronti di te stesso, sia nei confronti di coloro che incontri. Questo atteggiamento diventa perciò un circolo vizioso: più sei intransigente e severo, più sarà facile per te sbagliare. Allo stesso modo, sarà più facile che anche gli altri sbaglino nei tuoi confronti.

SEGRETO n. 3: sappi che non si possono provare due emozioni nello stesso istante; quindi, se ami non puoi contemporaneamente odiare.

Puoi alternare le emozioni, ma non puoi sovrapporle. Di conseguenza, se ti porti dietro il tuo carico di emozioni negative, difficilmente troverai il tempo e lo spazio per quelle positive. Non ci sarà nessuna porta aperta per loro.

Forse adesso ti starai chiedendo: «Ma allora che cos'è il perdono? Come posso perdonare se provo tutta questa rabbia, questa delusione, questo dolore?» *Il perdono è amore incondizionato.*

L'amore incondizionato è difficile da spiegare, perché è difficile da provare. Ho trovato d'ispirazione, riguardo a questo tema, un altro libro di Wayne W. Dyer, *Il tuo sacro Io*. È un testo che prende in considerazione tutti gli aspetti della vita, analizzandone la relazione con la nostra parte più profonda, e aiuta il lettore non solo ad amarsi e ad accettarsi come creatura divina, ma anche a comprendere quale sia la sua missione, la sua vocazione in questa vita.

In particolare, questo libro mi ha portato a sviluppare un grado di consapevolezza superiore e mi ha indirizzata verso la strada che oggi mi dà più soddisfazione: aiutare gli altri. Ma senza spingerci così tanto nelle profondità del nostro essere (perché questo libro vuole essere un punto di partenza verso la conoscenza di sé stessi e un invito a percorrere la strada della crescita personale, non un punto di arrivo), posso farti un semplicissimo esempio di amore incondizionato: pensa all'amore che provano i padroni verso i loro animali domestici e viceversa.

Un cane, ad esempio, anche se viene abbandonato, cercherà sempre di trovare la strada per tornare a casa e, se ci riuscirà, andrà dal suo padrone e gli farà ancora più feste di quelle che gli riservava prima di essere abbandonato, come a voler dire: «Sei umano e forse hai sbagliato, ma per me non ha importanza, sono così felice di rivederti! Mi sei mancato».

Ecco, questo è un esempio di amore incondizionato ovvero di amore privo di condizioni. Non è basato su una dinamica di relazione fra il dare e l'avere, ma significa: «Io amo, punto». Meglio ancora, esso esprime: «Io ti amo, punto». Ti garantisco che giungere a questo stato non è un traguardo impossibile: bisogna solo capire come mettere a tacere il proprio ego.

Quando ho capito e accettato il dolore, mi sono presa la responsabilità della mia vita e, così facendo, ho eliminato il giudizio dalle mie abitudini. L'amore incondizionato è stata una conseguenza naturale di queste scelte che hanno migliorato il mio presente rendendolo sereno e che hanno posto le basi giuste per crearmi un futuro pieno di soddisfazioni.

Provando e sperimentando l'amore incondizionato, è arrivato tutto ciò che ho sempre desiderato: un grande amore, la mia prima figlia e la libertà dal debito con la banca. Ebbene sì, la notizia più inaspettata e insperata è arrivata una mattina, con questa telefonata, che cito testualmente: «Signora, scusi se la disturbiamo ancora ma è l'ultima volta. Oggi procederemo con la cancellazione del suo debito con il nostro istituto bancario: la direzione ha deciso di mettere a credito la sua posizione. La banca ha un'assicurazione per questo tipo di situazioni: significa che la banca affida il debito all'assicurazione e, quindi, a lei non chiederà più alcun tipo di risarcimento. La informo inoltre che, nel giro di sei mesi circa, la sua posizione finanziaria sarà di nuovo pulita, pertanto non avrà nessun problema qualora decidesse, in futuro, di acquistare di nuovo una casa». Non riuscivo a crederci e non facevo altro che ringraziare quella voce che, addirittura, si scusava per avermi arrecato disturbo.

Avevo imparato ad amare anche quel debito, anche se ci avevo messo molti anni. Ormai lo consideravo come un debito karmico, e mi ripetevo spesso: «Ricorda, Rubina, che i debiti è meglio pagarli in denaro che in salute», una frase che avevo letto e che mi aveva colpito, e che dunque avevo fatto mia all'istante. È una frase a cui penso ancora oggi, se mi capita di prendere una multa o di affrontare una spesa imprevista.

Forse adesso è più chiaro come sia l'ego a influire maggiormente sui nostri stati d'animo. È l'ego a pretendere di avere ragione in una lite: pensaci, che te ne fai della ragione, una volta che ti è stata concessa? Nulla! Non cambia nulla per te e nemmeno per l'altro. Cambia solo che, di quella apparente vittoria, ti puoi vantare con gli amici o con il tuo stesso interlocutore, ma in fondo quello che è successo non cambia.

L'aver ottenuto la "tua ragione" non ha cancellato la lite, ma ha semplicemente appagato il tuo ego. E ne hai ricavato un piacere che, forse, è durato per qualche minuto. Perché voler avere ragione (sia che tu ce l'abbia, sia che tu sia in torto) non porta a nessuna pace definitiva. Quella pace la puoi trovare solo nel perdono, perché se sai perdonare allora non ti serve avere ragione, ma hai il solo desiderio di andare oltre in modo pacifico. È l'ego che ti fa giudicare: il giudizio serve soltanto a soddisfare un bisogno di accettazione o un bisogno di attenzione e di considerazione.

SEGRETO n. 4: tu non sei il tuo ego, sei anima, cuore, passato e presente; sei la persona che sa che può migliorare ogni giorno e che, con amore, prova a farlo.

Sei la persona a cui non importa del passato, perché vivi nel presente. Sei la persona a cui non interessa giudicare, perché riconosci gli altri quali esseri umani come te, con la loro storia e il loro passato, che tu non conosci. Sei la persona a cui non interessa il giudizio altrui, perché sei certo del tuo valore e perché tu stesso trovi privo di senso il giudicare.

Perdonarsi costituisce un tassello fondamentale per accettarsi per quello che si è con pregi, difetti, debolezze e punti di forza.

L'accettazione di sé stessi è fondamentale per comprendere il significato della parola "perdono". Siamo esseri umani e, come tali, sbagliamo, ma gli errori per noi devono essere motivo di crescita e non di autoflagellazione. Sbagliare fa parte della nostra vita, fa parte del nostro percorso di crescita e non c'è nulla di male nel commettere degli errori. Se sei sincero fino in fondo con te stesso, ammetterai che perdonare è forse la cosa più difficile da fare. Ma ti assicuro che saper perdonare è necessario sia per cambiare il tuo passato, sia per vivere felicemente il presente, ma anche per costruire un futuro ricco di gioia, di soddisfazioni e di "cadute sul morbido".

Sono in molti a dire che dagli sbagli si imparano le più grandi e le più importanti lezioni dalla vita, ma sono veramente in pochi a pensarlo davvero, perché in fondo, dentro di loro, alberga sempre la paura di sbagliare. Quando decidiamo di non perdonare o di far dipendere il nostro perdono da qualcosa da ricevere in cambio, è la paura ad agire: la paura che perdonare potrà farci sentire più deboli e vulnerabili oppure la paura di autorizzare, con il perdono, qualcuno a farci ancora del male.

La paura paralizza e ti impedisce di liberarti delle ferite del passato. Il perdono è liberazione e trovo che questa frase di Lewis B. Smedes lo spieghi in maniera chiara: «Perdonare significa aprire la porta per liberare qualcuno e realizzare che eri tu il prigioniero».

Ed è proprio la verità, perché quando non perdoni diventi prigioniero della tua stessa angoscia, della tua frustrazione e della tua paura. Per questo perdonare è così liberatorio: con un solo gesto ti liberi da tutte le sensazioni negative che provi e, soprattutto, ti liberi dalla paura. Nelson Mandela ha detto: «Il perdono libera l'anima, rimuove la paura. È per questo che il perdono è un'arma potente». Pensa a come sarebbe la tua vita se non provassi più paura.

SEGRETO n. 5: il perdono ti libera dalla paura; la paura ti rende soggetto al giudizio tuo e degli altri; la paura porta alla tua memoria solo il dolore del passato e non le lezioni che quel dolore ti ha insegnato.

La paura ti impedisce di amare perché, come ogni altra emozione, può essere vissuta da sola, non può essere sovrapposta ad altre emozioni. La paura è la corazza che imprigiona la tua anima e che impedisce alla luce di entrare. Accetta te stesso e accetta gli altri. Accetta la verità: tu non sei il tuo ego, sei molto di più e, soprattutto, puoi essere tutto ciò che desideri essere.

Voglio chiudere questo capitolo parlandoti di cos'è l'ego, in modo che tu ci possa riflettere e trarre le tue conclusioni sul vantaggio di abbandonarlo o meno. Mi affido alle parole di Wayne W. Dyer, tratte da *Il tuo sacro Io*: «[...] nessuno ha mai visto in faccia l'ego. È come un fantasma che influenza la nostra vita controllandola, e noi lo accettiamo. Il motivo per cui nessuno ha mai visto l'ego è che l'ego è un'idea. L'ego è un'idea: mentale, invisibile, priva di forma, senza confini. Non è niente di più di un'idea che avete del vostro corpo/mente/anima. L'ego in quanto "cosa" non esiste. È un'illusione. Nutrire questa illusione può impedirvi di conoscere il vostro vero sé. A mio modo di vedere, l'ego è una falsa concezione che cerca di rappresentarvi a voi stessi come vorreste essere invece di come siete. In sintesi, l'ego, l'idea di voi stessi, è un modo rovesciato di vivere la vita».

RIEPILOGO DEL CAPITOLO 4:
- SEGRETO n. 1: il perdono è il più potente strumento di cambiamento che hai a disposizione e deve cominciare da te: devi perdonare te stesso, accettarti per quello che sei, con la consapevolezza che puoi migliorare ogni giorno.
- SEGRETO n. 2: l'unico modo per imparare il perdono è lasciare andare le emozioni negative che soffocano il tuo cuore e che, come una corazza sempre più spessa, imprigionano la tua anima.
- SEGRETO n. 3: sappi che non si possono provare due emozioni nello stesso istante; quindi, se ami non puoi contemporaneamente odiare.
- SEGRETO n. 4: tu non sei il tuo ego, sei anima, cuore, passato e presente; sei la persona che sa che può migliorare ogni giorno e che, con amore, prova a farlo.
- SEGRETO n. 5: il perdono ti libera dalla paura; la paura ti rende soggetto al giudizio tuo e degli altri; la paura porta alla tua memoria solo il dolore del passato e non le lezioni che quel dolore ti ha insegnato.

CAPITOLO 5
Ringrazia e lascia andare

Siamo all'ultimo capitolo di questo libro che non è altro che un ultimo sforzo per te per rimanere sulla via che porta alla serenità. Ricapitolando: abbiamo parlato del dolore e di come affrontarlo per cambiare il passato. Abbiamo parlato della grande differenza che fa, nella vita di ognuno di noi, parlare di responsabilità e non di colpa. Abbiamo affrontato la paura del giudizio, della scarsa importanza che esso ha e degli enormi vantaggi che puoi trovare per la tua crescita quando lo elimini. Infine, abbiamo parlato dello strumento più potente che hai a disposizione per mettere in pratica questi tre insegnamenti: il perdono.

Ora è arrivato il momento di capire come sia possibile mettere in pratica tutto questo in modo da rimanere in uno stato di perenne (o quasi) gioia e pace, nonostante i problemi della quotidianità. La prima cosa da fare è: semplificare. Tendiamo a complicarci la vita, sempre e in ogni campo. È una tendenza che abbiamo tutti e non è nulla di così drammatico, ma una buona semplificazione aiuta più di quanto si possa immaginare.

Prova a fare questo esercizio, ti ci vorranno pochi minuti. Prendi un foglio bianco e suddividilo in quelle che ritieni essere le aree più importanti della tua vita (ad esempio: famiglia, lavoro, amici, tempo libero). Personalizza questa tabella aggiungendo le voci che rispecchiano i diversi ambiti della tua vita e della tua quotidianità. Una volta individuate le aree più importanti, che poi sono quelle che occupano la maggior parte delle ore della tua giornata, scrivi che cosa ti soddisfa di ciò che hai oggi, di quello che hai raggiunto. Magari fallo con un pennarello del colore che ti piace.

Dopo di che, sotto a ciò che ti piace, scrivi quello che non ti soddisfa rispetto alle aree che hai individuato. Per esempio, se pensi di lavorare troppo o male, oppure se vorresti avere più tempo libero per te o se ti piacerebbe avere un dialogo più profondo con il tuo partner o con i tuoi figli. Individua e scrivi, per ogni settore, quelli che vorresti fossero i tuoi miglioramenti in ogni settore.

Una volta finito, prendi un altro foglio bianco e dividilo nuovamente nelle aree che hai individuato prima. Dopo averlo fatto, prendi in esame la parte che riguarda i miglioramenti che vorresti vedere e focalizzati solo su il più importante. Ad esempio, hai scritto tre aspetti della tua vita familiare che vorresti cambiare? Devi prenderne solo uno, quello che vorresti che si sistemasse per primo; trascrivilo sul nuovo foglio nel campo riservato alla vita familiare.

Ripeti la stessa operazione per tutti gli altri campi. Ora hai due fogli: uno con l'elenco di tutti gli aspetti positivi e negativi riguardo ai diversi ambiti della tua vita e uno con l'elenco degli stessi ambiti, ma con un solo difetto su cui lavorare per ciascuno. Bene, hai appena stabilito le tue priorità.

Spesso tendiamo a complicarci la vita perché non abbiamo ben chiaro che cosa vogliamo esattamente e come fare per ottenerlo. Può darsi che tu abbia già le soluzioni a portata di mano, ma non riesci a vederle perché sono troppe le cose su cui vorresti migliorare e che ti girano per la testa. Il trucco più semplice consiste nello stabilire prima le priorità e poi fare una cosa per volta. Parti da quella che ti preme di più: può riguardare il lavoro, la famiglia, il tuo tempo libero... non importa, scegline una e concentrati solo su quella.

Quando sei concentrato su una sola cosa, è molto più facile trovare le soluzioni ai problemi e apportare i giusti cambiamenti. Non è detto che si possa mettere a posto tutto, ma i margini di miglioramento di una situazione ci sono sempre. Il problema è che, oberati come siamo dalla stessa quotidianità e dalle cose che dobbiamo fare, non riusciamo a scorgere chiaramente le soluzioni.

SEGRETO n. 1: semplifica: dividi la tua vita in aree ben distinte e individua, tra tutti, il cambiamento più importante che vorresti attuare, quello che ti renderebbe felice; stabilisci la priorità e fai una cosa alla volta.

Già il solo fatto di mettere a fuoco con chiarezza le tue priorità, ovvero le cose che contano di più per te, è un bel modo per semplificare, perché ti aiuta a immaginare la vita così come la vorresti. E a proposito di immaginare, ecco un altro piccolo suggerimento per rimanere concentrato sul raggiungimento della tua felicità: sfrutta la legge di attrazione.

Cosa significa? Ricorda che la mente *crea*, quindi allenare la mente alla felicità è qualcosa che devi fare ogni giorno. Se vuoi ottenere qualcosa, che non sia necessariamente un bene materiale, hai a disposizione un mezzo potentissimo: la tua mente.

Ora ti racconto come ho sfruttato la legge di attrazione per la realizzazione di questo libro. Mi è sempre piaciuto scrivere e lo faccio da quando ho memoria. Scrivevo diari, poesie, riflessioni sui temi che più mi appassionavano e su tutto quello che mi passava per la testa, perché ho sempre trovato che questa operazione risultasse terapeutica. Il gesto di mettere "nero su bianco" i miei pensieri, i miei dubbi, le mie paure e le mie gioie mi aiutava a definirle meglio, a capirle e, in alcun casi, ad affrontarle.

All'epoca scrivevo solo per me, tenevo tutto salvato nel mio computer o tra le pagine dei miei quaderni e non facevo mai leggere a nessuno quelle che consideravo delle "cose mie", perché erano pur sempre delle riflessioni private sulla mia vita anche intima e su tanti argomenti che mi stavano a cuore. L'unica persona a cui feci leggere le mie piccole "opere" è colei alla quale è dedicato questo libro, la persona che sette anni fa mi disse: «Tu devi pubblicare tutto, devi scrivere per aiutare le persone che hanno passato momenti difficili così come è successo a te». Ammetto che la cosa mi ha sempre attratto ma, in tutta onestà, non l'ho mai presa in considerazione, nemmeno per gioco.

Un giorno di novembre 2016 decido di guardare, dopo anni che ne sento parlare, il film-documentario *The Secret*, che ti consiglio di vedere se vuoi capire come funziona la legge di attrazione. A un certo punto del film, lo scrittore Joe Vitale parla dell'universo e lo descrive come *un grande catalogo in cui bisogna scegliere quello che si desidera e poi ordinarlo*, esattamente come quando ci si appresta a ordinare la cena al ristorante. Vitale prosegue dicendo di prendere carta e penna e di descrivere la propria vita così come si vorrebbe che fosse.

La cosa importante da fare, durante la scrittura, è immaginare che quella vita la si stia già vivendo. È necessario, mentre si scrive, essere il più dettagliati possibile e immaginare di provare tutte le emozioni che si proverebbero se tutto si fosse già avverato. Fermai per un attimo il film, presi carta e penna e cominciai a scrivere. Scrissi che ero un'autrice di libri per la crescita personale, che il mio primo libro lo avevo scritto in soli trenta giorni e che era diventato un bestseller già nel primo anno di pubblicazione. Aggiunsi anche che il mio primo libro era stato pubblicato a marzo 2017. Mentre scrivevo, provavo gioia, gratitudine ed entusiasmo, perché immaginavo di vivere già quella esperienza.

Ci misi solo cinque minuti a terminare quell'esercizio, ma il mio umore rimase "alle stelle" per giorni. Una precisazione: in quel periodo ero una casalinga, appassionata di autoaiuto e di crescita personale e passavo le mie giornate a occuparmi di Aurora, mia figlia di quindici mesi. Facevo questa vita perché ero stata licenziata poco dopo aver comunicato il mio stato di gravidanza in azienda.

Non avevo ancora grandi progetti, ma avevo cominciato a riprendere in mano la mia vita, accettando con gioia quella situazione, fiduciosa perché immaginavo che la vita mi stesse preparando il terreno per qualcosa di migliore: avevo ricominciato a sognare.

Quattro giorni dopo aver visto il film e dopo aver descritto in ogni dettaglio la vita che sognavo come se la stessi già vivendo, ricevetti una email. Non capii subito quello che mi stava capitando ma, dopo qualche istante, tutto fu chiaro e iniziai a piangere. Sembrava che l'autore di quel messaggio avesse strappato la pagina del mio diario e l'avesse riportata nella sua email.

Chi scriveva era il fondatore di una casa editrice che conoscevo da anni perché vi avevo acquistato dei libri, che mi invitava a partecipare a un corso di formazione della durata di due giorni, durante il quale lo stesso fondatore avrebbe insegnato ai partecipanti come scrivere un libro in trenta giorni, come pubblicarlo con il *self publishing* e come farlo diventare un bestseller. Non entro nei dettagli, ma ti assicuro che nel testo di quella email si trovava, quasi trascritta per intero, la pagina del mio diario: c'erano gli stessi termini, le stesse identiche parole che avevo usato io per descrivere la vita dei miei sogni. Puoi dunque facilmente capire come, allora, mi fu impossibile trattenere le lacrime.

La email non finiva con l'invito al corso, ma si spingeva oltre, aggiungendo che, al termine dei due giorni, ci sarebbe stata una selezione: sarebbero stati scelti cinquantadue corsisti, fra i trecento partecipanti, per dare loro la possibilità di scrivere un libro e pubblicarlo, entro l'anno in corso, con la stessa casa editrice e sotto contratto. Fui selezionata tra i cinquantadue e così questo libro è venuto alla luce.

È accaduto proprio questo: ho chiesto all'universo e l'universo ha fatto in modo che avessi tutto a mia disposizione. Certo, poi è stata mia la scelta di buttarmi in questa avventura: di partire per Roma, separandomi per la prima volta da mia figlia; di dormire da sola in albergo, di viaggiare da sola su tutti e quattro i treni che ho dovuto prendere di notte per arrivare a destinazione. Tutte cose semplici, certo, ma che non facevo da anni. Forse a molti di voi queste possono sembrare piccole cose, ma per me la sola idea di separarmi da mia figlia di quindici mesi rappresentava un passo enorme. Questo è un esempio di come funziona la legge di attrazione.

Ma attenzione, perché la legge di attrazione (e lo dico cercando di semplificare il più possibile) funziona se vengono rispettate delle regole: la più importante fra tutte, a mio parere, è di chiedere non per soddisfare il proprio ego o i propri bisogni puramente egoistici.

Ad esempio, non si può chiedere e immaginare la sofferenza di qualcuno che ci ha fatto del male. E gli esempi di desideri che soddisfano l'ego sono infiniti: il successo allo scopo di vantarsi con gli amici; la fidanzata/o ricca/o e bella/o per dare una lezione all'ex che ci ha lasciato. Insomma si chiede all'universo per amore e quello dovrebbe essere il solo motivo per cui si "invia l'ordine".

Per il resto, si può chiedere ciò che si vuole e l'universo metterà tutto a tua disposizione nei modi e nei tempi giusti e soltanto quando dimostrerai di essere pronto per ricevere. Sul tema della legge di attrazione sono stati scritti molti libri e ne parla lo stesso

Il potere dell'intenzione di Wayne W. Dyer, ma anche *Attractor Factor* di Joe Vitale, *Il potere della legge dell'attrazione* di Neville Goddard nonché molti dei libri di Esther e Jerry Hicks. Insomma, c'è l'imbarazzo della scelta. In ogni caso, è un tema che ti consiglio di approfondire.

SEGRETO n. 2: sfrutta la legge di attrazione, approfondiscine il significato, osserva come agisce e come puoi usarla a tuo vantaggio, senza dimenticare la regola più importante: chiedi per amore, per il bene supremo.

Una volta che sei sicuro che nei tuoi desideri non ci sono fini legati all'ego, allora scatena la fantasia e, mi raccomando, quando chiedi, immagina che il desiderio sia già stato esaudito: le emozioni che devi provare quando fai il "tuo ordine" rivestono un ruolo fondamentale.

Come diceva James Joyce: «La vita è come un'eco: se non ti piace quello che ti rimanda, devi cambiare il messaggio che invii».

Quando avrai sperimentato la legge di attrazione, allora quello che ti sto per suggerire come prossimo passo per il raggiungimento della tua felicità, ti verrà naturale. Il prossimo passo è ringraziare. La gratitudine è potente, forse tanto quanto il perdono.

È solo così che ci si mantiene in questo "stato di grazia": dicendo grazie. Grazie e ancora grazie, per ogni cosa che ti capita nella vita. La gratitudine allena la felicità, allena la mente che crea e, se la mente ha pensieri felici, a quel punto ciò che creerà sarà qualcosa di bello e di utile per te. È importante essere grati per tutto ciò che si ha, anche se quello che si ha non è esattamente quello che si desiderava.

Perché ora che hai a disposizione la legge di attrazione e sei consapevole che la tua mente può creare, ora che hai cambiato i ricordi del tuo passato perché hai capito che avevano qualcosa da insegnarti, ora che hai la piena responsabilità della tua vita e che non ti gratifica più esprimere il giudizio e, infine, ora che hai capito quale arma potente sia il perdono per vivere in pace con te stesso e con gli altri, ora puoi solo ringraziare l'universo, Dio o chiunque rappresenti per te questa energia divina a cui puoi attingere.

Personalmente, ho l'abitudine di ringraziare per ogni cosa, perfino per l'aria che ho ancora la possibilità di respirare. Ringrazio anche per quello che ancora non ho, perché so che, se ciò che voglio rappresenta davvero il meglio per me, ho la certezza che, prima o poi, arriverà.

Sii grato ai tuoi fallimenti perché, nel tempo, potrai scoprire che quei fallimenti ti stavano solo preparando la strada affinché avessi la possibilità di sperimentare qualcosa di meglio. È tua la responsabilità, ora, di vedere le opportunità che la vita ti offre, abbandonando il pessimismo, la disillusione verso una vita che può essere migliore, perché adesso conosci gli strumenti che ti danno la possibilità di crearla ogni giorno.

Ringrazia perché hai un nuovo giorno a tua disposizione per godere di quello che hai, per passare del tempo con qualcuno che ami e, se per ora non hai nessuno da amare, hai te stesso. Ci sei ancora, sei ancora qui e puoi amarti come mai hai sperimentato e, fidati, con questo tuo nuovo approccio alla vita arriverà anche l'amore di qualcun altro.

Dedicati del tempo da trascorrere in mezzo alla natura: basta un parco o, se vivi al mare, passeggia sulla spiaggia e ringrazia, visto che la natura è uno spettacolo di cui puoi godere sempre perché è gratis. Il contatto con la natura ti avvicina molto alla parte più intima e vera di te stesso, soprattutto quella parte di te che ha bisogno di essere ascoltata. Stacca la spina, in fondo bastano solo dieci minuti anche prima di andare a lavoro: siediti su una panchina, ovunque tu sia (anche sul marciapiede) e ascolta. Ascolta la tua voce interiore. Inizierai a sentire cose che non pensavi minimamente potessero far parte di te.

Sii grato per ogni nuova scoperta, sorprenditi facendo ogni giorno qualcosa che ti fa paura e sii grato per ogni passo in più verso l'ignoto. Celebra ogni tuo successo, piccolo o grande che sia. Coccolati! Bastano poche parole gentili che puoi rivolgerti davanti allo specchio quando ti svegli al mattino.

Vuoi essere felice? Adotta da oggi queste semplici abitudini, prova per qualche giorno e vedrai tu stesso quanto la qualità della tua vita migliorerà.

SEGRETO n. 3: sii grato, ringrazia per ogni cosa presente nella tua vita, ringrazia per quello che hai avuto e che ora non hai più e ringrazia per quello che hai oggi.

Ringrazia anche per quello che desideri e che saprai attirare nella tua vita domani. Ringrazia per le persone che hanno fatto un pezzo di strada con te, anche se non ci sono più. Ringrazia per quello che di bello gli altri ti hanno lasciato e ringrazia anche se ti hanno fatto del male: grazie a loro potrai sperimentare da subito la forza del perdono.

L'ultimo passo da fare riguarda il "lasciare andare". Non spenderò molte parole su questo, perché credo che non ce ne sia bisogno, però voglio farti capire cosa intendo e cosa faccio io a riguardo.

Negli ultimi tempi sento parlare spesso di quanto sia salutare "fare pulizia" di amici, parenti o partner. Io non riesco ad associare l'immagine del fare pulizia a una persona. È più forte di me e credo che sia proprio un'espressione sbagliata, perché invita a un'azione che, fondamentalmente, non è ispirata né dall'amore verso sé stessi né dall'amore verso gli altri. Puoi pulire la sporcizia da una stanza, ma non puoi pensare di pulire la tua vita dalla presenza di un essere umano.

Eppure si sente spesso dire: «Oggi ho fatto pulizia, ho chiuso con quel tale...» oppure «È ora di fare pulizia, di eliminare dalla mia vita le persone negative» (e gli esempi potrebbero essere molti). Forse, tu stesso ti sei ritrovato a pronunciare queste stesse parole riferendoti a qualcuno con cui hai chiuso un rapporto. Io preferisco dire: «Lascio andare». Lascio andare il mio amico perché non mi trovo più in sintonia con quello che pensa e che dice; lascio andare il mio partner perché non condivido più il modo in cui si rapporta a me e vive la nostra relazione; lascio andare la mia amica perché sento che mi scarica addosso la sua negatività e le sue paure e perché vedo in lei la necessità di giudicare: tutto questo mi toglie energia preziosa che posso dedicare a me stessa e alle persone che amo.

Non c'è nulla di male nel chiudere un rapporto, di qualsiasi natura esso sia, ma trovo che, nel "lasciare andare" ci sia più amore e più gratitudine per la strada fatta insieme fino a quel giorno rispetto all'idea di "fare pulizia"; perché pulire, in qualche modo, significa anche cancellare quello che c'è stato. In fondo, non penso che ciò che ho avuto la possibilità di vivere sia stato del tutto negativo ma, qualora invece lo sia stato, allora so che mi ha insegnato qualcosa, soprattutto riguardo me stessa. Se ci portiamo dietro persone e situazioni che ci sembrano pesare come zavorre, è giusto lasciarle andare.

Non è sempre facile e, a volte, il distacco può apparire doloroso: una situazione può esserci ormai familiare e quindi, in qualche modo, può accadere che in quel disagio ci troviamo paradossalmente a nostro agio. È difficile lasciare andare le persone perché si tende a pensare a un passato felice che si è condiviso, anche se ormai il presente non gli somiglia affatto. Per quanto sia difficile "lasciar andare" le cose e le persone, è un passo da fare necessariamente quando quelle cose o quelle persone non arrecano più gioia nella nostra vita ma, al contrario, la sottraggono.

SEGRETO n. 4: per capire cosa devi lasciare andare, chiediti cosa c'è di buono in una persona – o in una situazione – che possa esserti utile oggi e come può aiutarti nel percorso per il raggiungimento della felicità.

Già il solo fatto di avere la consapevolezza di dover lasciare andare qualcosa o qualcuno è un grande passo verso la tua serenità. Non dimenticare, però, una volta che lo hai fatto, di ringraziare per il periodo della tua vita che hai condiviso con quella persona o con quella situazione, perché questo vissuto ti ha sicuramente lasciato un insegnamento.

E, come diceva Stephen Littleword: «Lasciar andare non significa non interessarsi, ma smettere di credere di aver potere al posto degli altri. Lasciar andare non significa fregarsene, ma lasciare che l'esperienza sia consigliera, non le parole. Lasciar andare non è vittimismo, ma la profonda certezza che spesso gli effetti non dipendono da noi. Lasciar andare non corrisponde a una critica, ma a un atto di estrema fiducia. Lasciar andare non è imporre nuove catene, ma permettere alla libertà di ognuno di esprimersi. Lasciar andare non è ancorarsi al passato, ma vivere pienamente un nuovo futuro. Lasciar andare non è un atto egoistico, ma è il coraggio di scoprire il nuovo che si svela di fronte a noi. Lasciare andare non è dominio e controllo, ma un atto di fede perché la vita si sveli. Lasciar andare non è cedere ai fardelli della vita, ma credere che siamo nati per uno scopo elevato. Lasciar andare non è soffrire, ma permettere alla gioia di abitare in noi. Lasciar andare non è di domani, ma è di un oggi che aspetta di essere vissuto. Lasciar andare libera, purifica, migliora... lasciar andare è accogliere la gioia».

RIEPILOGO DEL CAPITOLO 5:

- SEGRETO n. 1: semplifica: dividi la tua vita in aree ben distinte e individua, tra tutti, il cambiamento più importante che vorresti attuare, quello che ti renderebbe felice; stabilisci la priorità e fai una cosa alla volta.
- SEGRETO n. 2: sfrutta la legge di attrazione, approfondiscine il significato, osserva come agisce e come puoi usarla a tuo vantaggio, senza dimenticare la regola più importante: chiedi per amore, per il bene supremo.
- SEGRETO n. 3: sii grato, ringrazia per ogni cosa presente nella tua vita, ringrazia per quello che hai avuto e che ora non hai più e ringrazia per quello che hai oggi.
- SEGRETO n. 4: per capire cosa devi lasciare andare, chiediti cosa c'è di buono in una persona – o in una situazione – che possa esserti utile oggi e come può aiutarti nel percorso per il raggiungimento della felicità.

CONCLUSIONE

Siamo arrivati alla fine di questo viaggio. Mi auguro che questo libro, per te, possa rappresentare un inizio, un passo verso la realizzazione di ciò che più desideri.

Mi auguro che ora tu abbia capito che il passato si può cambiare, perché basta cambiare la percezione che hai di ciò che è accaduto, accettando quello che è stato e ringraziando per l'opportunità di crescita che ti ha lasciato. Mi auguro che tu ora possa sperimentare come si cade senza farsi male, come un vero *stuntman*, perché forse ora ti è più chiaro che, se rimani concentrato sul perché sei inciampato e su cosa esattamente ti ha fatto inciampare, ne puoi capire l'importanza.

Cadere e commettere errori sono eventi che fanno parte del tuo viaggio che si svolge sempre qui e ora, e forse adesso sai che, in fondo, cadere non fa poi così male, perché hai capito che puoi essere abbastanza forte da rialzarti, che puoi essere responsabile della tua vita e, soprattutto, che puoi essere consapevole del tuo valore: quel valore che nessuno ti può togliere e che nessuno può sminuire.

Non avere paura: la vita è un viaggio straordinario, in tutte le sue tappe, persino in quelle dolorose perché, in fondo, se non ci fossero le difficoltà e se non esistesse il dolore, come potresti riconoscere i successi e vivere un sentimento come la gioia con tutta l'intensità che merita? Non cercare la perfezione, perché la perfezione è già nel tuo intento di migliorati, nella bontà dei tuoi gesti e nell'amore che spero sia il motore di ogni tua azione verso te stesso e verso gli altri. Ricorda: *non si raccoglie ciò che si semina, si raccoglie ciò che si coltiva.*

Spero che il tuo desiderio di vivere un'esistenza serena e felice ti sproni ad approfondire i temi che ho cercato di affrontare assieme a te in questo libro. Quello che più di ogni altra cosa mi auguro è che, alla fine di questo viaggio, tu possa dire a te stesso: «Forse, allora, c'è altro. Forse la vita può essere vissuta in modo diverso, più sereno e più costruttivo».

Un passo alla volta, caro lettore, puoi arrivare esattamente laddove desideri essere. Perciò spero che questo libro, per te, possa rappresentare un primo passo verso la tua felicità passata, presente e futura. Grazie per essere stato con me fino alla fine e fino al tuo inizio.

Come diceva il Dalai Lama: «Ci sono due giorni all'anno in cui non puoi fare niente: uno si chiama ieri, l'altro si chiama domani, perciò oggi è il giorno giusto per amare, credere, fare e, principalmente, vivere».

RINGRAZIAMENTI

Il primo sincero ringraziamento va a Giacomo Bruno e alla Bruno Editore perché mi hanno dato la possibilità di realizzare il mio sogno di scrivere per "cambiare la vita alle persone". Ringrazio Roberto Bizzarri che, con i suoi suggerimenti, mi ha aiutata e indirizzata verso la stesura di questo libro.

Grazie al mio compagno di vita, Amedeo, che mi ha sostenuta e incoraggiata fin dal primo istante a buttarmi in questa avventura: non sarei riuscita in questa impresa senza di te, quindi grazie uomo straordinario.

Grazie alla mia famiglia, in particolare a mia mamma Giustina che, ancora una volta, ha messo da parte i suoi timori di madre e mi ha appoggiata e spronata a dare il meglio di me, esattamente come lei ha fatto per i suoi figli: forte, amorevole e tenace è il migliore esempio che la vita potesse darmi.

Grazie all'amica e professoressa Valeria, sempre presente in questa avventura, colei che ha messo mano per prima a questo testo, apportando le giuste correzioni e dandomi preziosissimi suggerimenti: unica, dolce, straordinaria e indispensabile donna della mia vita!

Grazie a Elisa, a Chiara e ad Anna, amiche da sempre e sempre accanto a me nei momenti più belli e più brutti della mia vita: grazie per il bene che mi volete, per il rifugio che mi avete sempre riservato nel vostro cuore, siete e sarete sempre parte di me.

Grazie a Numero1 e alle persone con cui ho condiviso questa bellissima esperienza e grazie a tutti gli amici e compagni di viaggio di Facebook. Grazie a Maria Elena, colei a cui questo libro è dedicato, perché mi ha mostrato la luce dell'Universo e mi ha insegnato che quella luce è dentro ognuno di noi. Tuo è il merito della mia rinascita.

Grazie a mio padre, sempre presente in ogni mio respiro e in ogni mio gesto.

Infine, grazie a te, caro lettore, grazie per avermi dato fiducia: è stato un onore. Come diceva il dottor I. Hew Len: «Ti auguro Pace ogni oltre comprensione. Pace dell'Io».

www.ingramcontent.com/pod-product-compliance
Lightning Source LLC
Chambersburg PA
CBHW050653160426
43194CB00010B/1921